勇闖埃及

EMMA 施盈竹 —— 著

EGYPT

【推薦序】

深入埃及社會的一本書

林長寬／成大文學院多元文化研究中心主任

Emma施盈竹認為「少根筋也可以勇闖埃及」，但或許有人認為「多一根筋也闖不了埃及」。從事國際志工必須懷有犧牲的精神，尤其是讀了Emma的埃及志工回憶，更是讓人肯定志工工作的高貴情操。

阿拉伯國家——或許應該說穆斯林國家比較正確，這十幾年來不同的社會、政治革命運動持續不斷地醞釀發展。在這些運動中，不知有多少人為了理念、信仰而犧牲流血。儘管台灣的媒體或多或少有些報導，但僅止於片面、浮光掠影式的描述；鮮少有深入且精闢的解析，更少有親身經歷的作證。

Emma的書帶領讀者深入理解埃及當前的社會民情、問題，以及人民對政治發展的迷惘。有趣的是，她的描述輕鬆且幽默地傳遞了台灣女孩的純真心思、對異文化的嚮往與妥協，更點出了埃及人可愛又可憎的性情！

簡言之，這本書輔助眾多報導掀開了「埃及之春」的真面目，與張翠容的戰地報導——《中東現場》、《地中海的春天》——做了呼應。Emma的文筆輕鬆愉快，讀起來一點負擔也沒有。這是值得推薦的一本書，尤其是年輕人更應該讀的一本書。

Bravo, Emma!

萬花筒裡的世界

張翠容／國際知名戰地記者、作家

Emma，但我更喜歡稱她盈竹。這名字很秀麗，想其父母在她出生時，一定花了不少心思為她命名。竹，屬植物類的四君子之一，虛心有節，直桿凌雲，可謂剛柔並重。

初見盈竹，小女生一名。其後在交談中，得知她剛在東帝汶結束志工生涯回台，再問她在東帝汶的情況，原來她於當地村落服務有一年時光，並曾染上嚴重瘧疾以致昏迷，以為會客死異鄉，怎知又奇妙復原。但，她沒有因此對服務偏遠他方退卻，反之更積極爭取機會做個國際志工。

當時我心裡想，這位小女生，可不簡單啊！真是人如其名。

東帝汶之後，盈竹有機會前往埃及，而且要在一個伊斯蘭國家，扶助性工作者。乍聽起來，真不可思議。

我們對伊斯蘭世界所知不多，今次，盈竹要鑽入一個在伊斯蘭世界忌諱更大的世界，僅是聽她在這方面的體察，我們已感到，不但這些遠方的姐妹受到漠視，其實還有更多被遺忘的角落，等待我們去了解。

讓我感動的是，盈竹沒有抱著獵奇的心態，在她字裡行間，處處流露赤子之心。她在《勇闖埃及》書中這樣說：「在到埃及生活以前，因為過往經歷的人、事、物，使我堅信人性本善。」即使後來在埃及給人騙了好幾次，她仍然帶著善念，從未想過放棄她的服務對象。

最巧合的是，她於二〇一一年十月第一次踏足開羅，正值革命前夕，風雨欲來。不久革命爆發，這個台灣女生竟然也一同被捲進「阿拉伯之春」的海嘯當中，親身見證了一場轟烈的埃及起義行動。

她在解放廣場上與抗爭者度過日與夜，又與室友一起逃過軍警的鎮壓。與同僚熱烈的討論，迫她不得不思考阿拉伯地區更宏觀的政經問題。

盈竹能夠與埃及年輕人共同經歷革命的洗禮，青春的生命有了早來的成熟。

一次，我和盈竹從開羅坐火車到亞歷山大，我欲上火車裡的洗手間，卻又很猶疑，怕衛生太糟糕。我還未出口，小女生竟然明白我心意，輕聲表示，就讓她先上，查探一下洗手間內的情況，大有身先士卒的犧牲精神。

我或者說得誇張了一點，但她對別人的體貼，不知是來自她的性格，或是在她當志工時的磨練？又或是她在不同文化的互動過程中，慢慢建立了一種「他者」的倫理？

她在書中寫到埃及平常百姓家的生活文化時，有以下的觀察：「貧窮是舉世皆存在的現象，但埃及人有『分享』的文化，窮人日子再怎麼苦，也會掏出僅存的錢幣，幫助路邊的乞丐；肚子再怎麼咕嚕作響，也會邀請朋友一起用餐；時間再怎麼匆促，也會一起行動，沒有人會落單。對他們來說，與其怪罪命運乖舛或自怨自艾，倒不如彼此互助和更努力地生活。」

某天在回家的路上，她塞了一埃鎊給坐在路邊賣口香糖的盲人，從他手中拿了四粒口香糖後，便轉身走上天橋，但那盲人急著喊等等，他怎樣也要向她多塞一把糖，小女生感意外，令她思考良久，那些生活在社會邊緣的人，他們仍保有的一種屬於人的尊嚴與價值。

盈竹在書的開頭記下了一些惡事，不過其後有更多的善事，藏於生活的細節裡，她娓娓道來，當中也有不少的趣事，就在文化碰撞之中。

例如，她在埃及所接觸的這群性工作者，年紀從十四歲到六十歲上下，工作人員告訴她：「這群性工作者為了賺錢養家，才觸犯法律和伊斯蘭教法從事非法工作。她們來組織接受職業課程如烹飪、美髮和戲劇等訓練，寄望有朝一日脫離深淵。」

有性工作者見到盈竹這位東方女孩，又因語言阻隔，竟誤會她是跨國性工作者，遂在某個週末夜半致電給她，要向她推薦一位「恩客」，嚇得她直哆嗦，怎麼闖入花花世界啦？

從埃及扯到東帝汶，她服務的那個村說的是德頓語，初來時她自我介紹，「『大家好，我的名字叫 Emma。』大家卻聽得一頭霧水，原來『ema』在德頓語意指『人』，當地人聽到我的名字叫『人』，可能以為我是從外星球混到地球，意圖竊取他們的語言。每次認識新朋友，相同的笑話總重複上演……

「有次課程中輪到我造句，本想搞笑說：我喜歡上廁所，結果誤把動詞『上』講成『吃』，德頓語『廁所』也有『大便』之意，全部人聽到 Emma 喜歡吃大便都笑翻了，從此茶餘飯後總不忘消遣我一番。縱使如此，社區媽媽仍對我『不離不棄』，每天早晨把我挖起來打羽毛球，邊運動邊練語言。」

我一邊閱讀，有時給盈竹這些小故事弄得開懷大笑。她書寫這些苦難的地方，也在當地人身上學會了苦中作樂。可能是由於和他們日夜與共，閱讀盈竹這本生命札記，亦好像看見一大群當地百姓與她挽著手，出現在我們面前，細數他們的喜怒哀樂。特別是她在貧民窟工作的日子，一個被汙名化的地方，在她筆下竟然如此充滿色彩與生命力。

我在開羅的時候，盈竹曾帶我到過她所工作的貧民窟，路途長遠。我們擠在小巴裡，拉客的小夥子不斷大喊途經車站的名稱，而車在搖晃著，有男乘客暗地打量我們，各式各樣的人擠上擠下，好一段旅程，盈竹卻從容不迫，時而打瞌睡，時而翻開她學習阿拉伯語的筆記，每天，她就是這樣上班下班。貧民窟的工作環境再差，她總是以笑容和幽默，與小孩、婦女和同僚打成一片。在到處都灰沉沉的貧民窟，大家仍沒有忘記頭頂上那一片蔚藍的天空，令艱難的生活不乏生趣。

我隱約看見一位年輕國際志工，如何成長起來。這令我想起日本志工高遠菜穗子，和她那本著作《愛要怎麼說》。對，愛要怎麼說？

施盈竹的《勇闖埃及》不是老要強調客觀的記者報導書，也不是大義凜然的國際政治分析書，它只是記錄了一位小女生，當她渴望擁抱一個最卑微的世界，同時也不經意走進了一個大時代，如劉姥姥入大觀園，也讓我們看到萬花筒裡跌宕起伏的人生百態，在大問題中見日常。無論怎樣，最卑微的人，卻以最頑強的姿態生存著。

是旅程也是修行，當小我越是縮小，大我便能越擴

Emma、張翠容（中）與其他記者，談埃及採訪和生活的心路歷程。

張。年輕的盈竹或許仍不明所以，但她在不自覺中結出了一些果實，愛在行動中，祝願她繼續在自己的人生中，也在別人的生命裡，不分彼此，發光發熱。

另類全球化運動浪潮中的盈竹

林深靖／
國際知識集體 International Collective Intellectual 亞洲連絡人

二〇一三年三月底，我應邀到突尼西亞參加「世界社會論壇」（World Social Forum），並負責其中一場有關新興國家社會運動的專題討論，列席者有我所敬重的學者阿敏（Samir Amin）、鄔達（François Houtart）、華勒斯坦（Immanuel Wallerstein）及瑪希亞（Gustave Massiah）等人。

論壇第一天按慣例有開幕遊行，出發地點就在首府突尼斯的「元月十四日廣場」（這是紀念革命的日子）。人潮旗海中，我尋找熟悉的臉孔，首先發現的是阿敏和鄔達，他們都已年過八十，卻還是神采飛揚，聲音宏亮，一邊向群眾發送小冊子，一邊還要回答國際記者的提問。但是，所有人的注意力終究還是被乍然插入的喧天鑼鼓和高亢吟唱吸引過去……

一個活力充沛的隊伍就這樣挺進廣場，一看旗幟，就知道是來自埃及的。他們一路蹦蹦跳跳，口號夾雜著歌唱，吹吹打打的樂器伴隨著歌舞節奏，帶頭者魁梧瀟灑，歌聲昂揚，舞姿矯健，一看就是天生的領袖氣質。我一點也不懷疑，他就是來自開羅的老友亞瑟（Yasser Shoukry）。

亞瑟來過台灣，那是二〇一〇年夏天，他應「浩然基金會」之邀，來台灣參與「另立全球化計畫」國際志願者的培訓營；也是他在當時挑選了盈竹到埃及工作，而且一去就是兩年。

在突尼斯「世界社會論壇」結束之後的國際委員會議上，我又遇見亞瑟。會議休息期間，我請他喝啤酒，他主動問起盈竹，稱許盈竹在開羅期間的工作熱情。亞瑟本身是律師，也是「艾雪哈全方位發展組織」（El Shehab Institution for Comprehensive Development）的負責人。這個機構位於開羅一個龐大的貧民窟之內，承擔貧困家庭兒童的教育輔導。我在二〇〇九年前去拜訪時，就感受到亞瑟獨特的活力和魅力，讓這個組織在冰冷寒傖的泥水建築辦公室中，散發著一種自然的溫熱。

盈竹參與了這個團體的工作，在埃及期間，又適逢阿拉伯世界革命連環爆發，她所參與的組織當然不可能置身事外。於是，纖細的盈竹就這樣融入街頭、廣場蜂起的憤怒青年當中。這是一段奇特的生命際遇，盈竹用她靈巧的筆和敏銳的眼睛為我們記錄下這一段騷動的歷史，這可能也是華人世界唯一深入現場的記錄和書寫。

盈竹參與的工作是「另類全球化運動」的一個部分，而「世界社會論壇」就是這個運動的載體，是推動另類全球化運動的國際機制。論壇自從二〇〇一年在巴西愉港（Porto Alegre）啟動，二〇一三年首度移師到阿拉伯世界舉行，這當然也是因應革命形勢的必要。另類全球化運動的一個口號就是：「另一個世界是可能的！」它所要抗爭的對象就是那個單一霸權的世界，拒絕以美國為主導的新自由主義的全球化，或者野蠻資本主義的全球化。

另類全球化運動尋求另外一個世界，尋求另外一種可能性。盈竹的這本著作《勇闖埃及》，其實已隱約透露對於「另一個世界」的想像，或者，我們至少看見，這個台灣小女生用心追尋「另一種可能」的足跡……

請給我們一百萬個施盈竹

褚士瑩／NGO工作者、旅行作家

施盈竹很特別，但這不是我想要強調的。

一個生平第一次隻身到遙遠的埃及開羅，就直接到當地草根NGO工作、接受洗禮的台灣年輕女性，頭幾個月難過得要死的原因，並不是因為必須每天跟受到當地伊斯蘭教社會嚴重歧視的性工作者一起，而是因為不能馬上如願去更辛苦的貧民窟工作。

這樣的人，當然不是普通人。

後來機緣巧合，我到一所鄉下學校去演講，有位受到調皮學生愛戴的年輕女老師，名字跟施盈竹只差一個字，竟然就是施盈竹的妹妹。我發現妹妹的快樂，來自於讓大部分嚮往到大都市明星學校任教的年輕老師痛苦的偏鄉，擔任這些以為自己不夠好的孩子的啟蒙老師，在台灣的年輕教師當中也很特別。

認識這對姐妹，讓我不禁好奇想知道，她們的父母究竟是怎樣的人。從施盈竹《勇闖埃及》

書中寫的一些蛛絲馬跡，發現果然她們的父親也是這種整天往外跑幫助別人、當志工的人。我們當然也可以說，是這樣特別的家庭教育，教養出這樣特別的孩子。

但真正讓我開始思考的是，如果這家可以每個人都很特別，為什麼有些家庭卻每個人都不特別？父母只關心自己的事業，提醒子女顧好自己，提防外人，寧可自私也不要多管閒事，把個人的價值都換算成有形的工作職位、薪水、金錢，那麼這樣的家庭，就不大可能會塑造出像施盈竹這樣的年輕人。

這個社會，只有當我們有一萬個施盈竹，十萬個施盈竹，一百萬個施盈竹的時候，才有可能會進步。

因為他們相信旅行的經驗，可以擴大舒適圈。

因為他們相信善的力量，可以改變世界。

因為他們相信陌生人，可以變成朋友。

因為他們沒有抱著先入為主的想法，所以當自己被不公平對待時，並不覺得自己被歧視，反而可以若無其事跟其他被不公平對待的人平起平坐，無論是印尼亞齊島受到南亞海嘯以致家破人亡的災民、受到偽善的埃及社會鄙視的性工作者、茉莉花革命前後受到侵害的女性運動者，還是開羅郊區貧民窟來自上埃及鄉間的社會底層；他們都會看到一個明明自己被不公平對待，卻可以理直氣壯幫助別人的人，這就是一種微小但是明確的「善」的力量，不論放在世界的哪一個角落，都會像柔和卻固執的桂花般綻放。

認識施盈竹時，她剛結束在印尼的社區計畫工作，我毫不猶豫地就答應願意具名推薦，幫助她爭取去埃及草根NGO工作的機會。並不是因為施盈竹特別聰明、資歷特別動人，或是能言善道，而是她對世界抱持通體開放的態度，彷彿她全身的每一個細胞都是可以讓世界歡欣鼓舞地穿透過去，這跟我所認識的其他亞洲年輕人，包括過去的我自己在內，讓社會、家庭、自己將自己五花大綁，重重限制，有莫大的區別。當然，當我們接觸越來越多，我也明白知道，施盈竹的舒適圈，並非與生俱來，而是在一次又一次志工旅行的練習當中擴大的。

每個人當然都有自己的舒適圈，所以自然而然會挑揀熟悉的路走，找工作的關鍵字是「熱門的」跟「有前途的」，但是萬一自己真正的興趣和專長，並不符合這兩個條件的話，該怎麼辦？

如果要趁年輕跨出這一步，最重要的準備工作，我相信是允許自己去嘗試不同的訓練與機會，這就是施盈竹一直在做的事。

很多人過早放棄興趣，因為擔心興趣在職場上太「冷門」，但是我一直相信，這個世界上無論再怎麼冷門的專業，也至少都需要有一個人能夠做好。只要能抱著這樣的想法，從興趣出發，讓自己成為一個非常非常專業的人，是最重要的準備工作。

至於興趣以外各種不同的訓練跟機會，基本上就像參加讀書會：可能會讀一些從來沒想過要打開來閱讀的書，但是接觸以後會很慶幸自己能夠延伸更廣的觸角，讓自己的世界變得更大，盡量不要讓已知的小世界，變成阻止我們了解更大的未知世界的最大敵人。

我不認為施盈竹在決定全力以赴前，考慮過了解埃及的性工作者，或是開羅的貧民窟，這樣的專業經驗對於自己的未來，有什麼用處。這或許是為什麼，她能以一個外來者的身分，成為原本對誰都不相信的「社會渣滓」可以像家人般對待的夥伴。

擴大舒適圈後，並不代表從此就會一帆風順。我自己喜歡航海，所以請讓我在這裡用航海作為譬喻。

實際上，追尋夢想就像一艘新船，第一次從風平浪靜的內海，駛入開放的太平洋，既讓人興奮，又讓人害怕。這時候，要當好自己的舵手，給自己短期的目標、中期的目標，和長期的目標，確定每個短期的目標，比如每年的目標，都是五年中期目標的五分之一，把終極的遠大夢想變成可以執行的小步驟，才有可能實現。

比如施盈竹在踏出大學校園之前，想要在五年後成為國際NGO的高手，接下來的第一年要做到什麼？第二年？第三年？第四年？第五年？如果發現自己的夢想，不能分解成幾個可以具體達成的短期里程碑，有可能是終極目標有問題（比如野心太大），也有可能是執行能力不夠。一旦發現自己即將miss了第一個里程碑，就要立刻誠實面對，毫不留情地找到問題癥結，重新調整腳步，不能為自己找藉口，以為可以明年再迎頭趕上進度，比如說今年因為家裡事情比較多，明年應該就可以專心在追求目標；實際上很可能是你一開始就沒有把私人事務對於目標的影響，做好客觀的評估。

真正推動施盈竹往前走的不是單純的熱情，而是至少每個月一次，非常不留情地回顧、檢視自己的能力。在《勇闖埃及》這本書中，讀者也能夠很清楚地看到她對於自己的反省。

我真正想說的是，夢想或許是天生的，但實現夢想的技巧，是需要反覆練習的。練習越勤快，舒適圈就越大，不能做、不敢做的事情也就越少，得夢想失憶症的機率也就越小。

我不希望施盈竹被塑造成一個很特別的人物——並不是因為她不特別，而是因為我們逐漸共同走向低智商的社會，需要更多施盈竹。

謝謝施盈竹讓我看到這一代華裔年輕人的可能性。

可以的話，請給我們一百萬個施盈竹。

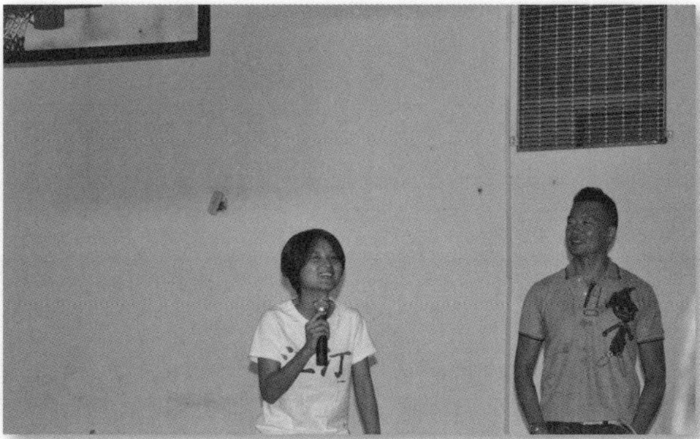

Emma（左）至鹿野國中探望當老師的妹妹，恰好碰到褚士瑩來演講，應他的邀請，也與學生簡單分享。

公益與私益，哪個能帶我們進入天堂？

宥　勝／冒險節目主持人、藝人

「公」這個字，是由「上八下厶（私的古字）」、也就是「八個私」所組成的，所以字義其實是：滿足某一群人的私，就叫做公。

只要是人，就是自私的。雖然這樣的自然情緒已經被汙名化，甚至某一派的說文解字也將「公」解釋為「八也有背的意思，所以背私為公」。但是，什麼樣的人會在自己的欲望沒有被滿足的時候去照顧別人？又有什麼樣的人會在自己即將餓死的時候把食物分給別人吃？或許有，但這已經違背了自然的法則，而且，這也是一種不負責任的行為。

因為只有把自己的身心靈都已經照顧好的人，才有資格去照顧別人，而Emma施盈竹，就是一個勇於探索自己、滿足自己，然後真心回饋給身邊朋友的人。

埃及人與阿拉伯人是多麼的狂放啊！一個弱不禁風的女子，居然被一次短期的志工旅行刺激出「現在不做，以後也不會做了」的想法，之後就不顧一切地去追尋、去冒險，在這些大家好奇卻陌生的國土上積極參與、盡心奉獻，然後在痛苦的過程中不斷碰撞、自我成長，最後終於在這個世界上找到真正屬於自己的位置之後，回到台灣，為這塊土地做出真正的「公益」。而這整個過程，就是Emma目前的人生中最刺激、也最璀璨的部分，能夠化成文字分享給大家，是所有讀者可以不用受到性騷擾或是瘧疾之苦就能獲得的珍貴寶藏。

快去追尋自己的私益吧，不要再身心俱疲地只是去滿足父母、家族、社會和輿論的公益期望了！如果此刻的我們感到空虛，是因為我們沒有真正地滿足自己；如果真實的我們是對自己感到不滿意的，那我們又如何能讓身邊的人對我們滿意呢？

我很喜歡Emma在《勇闖埃及》書中所提到的寓言故事：人死後在通往天堂的路上，會有一位天使攔路問兩個問題，其一：「你對自己的生命感到愉悅嗎？」其二：「你的存在是否讓別人感到愉悅？」如果兩項你都點頭稱「是」，祂就給你天堂之鑰，讓你進入天堂。

我們能進入天堂嗎？如果不能，那就看完這本書，給予自己勇氣，然後至少讓自己一生裡擁有一次機會，去真實地追尋自己；因為只有在真正滿足自己的私益之後，才能回頭，去滿足身邊所有人心中的那份公益。

了不起的小丸子姐姐

南西（Nancy Mounir）／埃及音樂創作才女、演奏者、歌手

在埃及，大家都叫施盈竹「阿媚由」（Amal，她的埃及名字，「希望」之意）或 Emma，但我更喜歡叫她「小丸子姐姐」。在我們相遇於瘋狂的開羅、共同度過一段難忘的日子之前，我從來沒想過要有一個姐姐，更何況我們的外表如此不同，也來自截然不同的出身背景。她搬進開羅公寓的第一天，我們一起在房間裡享受壽司，之後逐日建立起深厚的友誼，我變得非常依賴她。

Emma 非常融入埃及生活，不只參與家庭傳統活動、嘗試本地食物，甚至在茉莉花革命爆發的第一天，就到解放廣場報到。我永遠也不會忘記，二〇一一年一月二十五日革命爆發的那天，即使到處都有嚴重的警民衝突，Emma 仍然勇敢地前往解放廣場，憑著一股熱情，以相片和文字記錄下革命過程的點點滴滴。

她在埃及的那兩年期間，最令我驚豔的是，她情願到既危險又貧困的哈甘納貧民窟工作，

不願安逸地待在有冷氣的辦公室裡，只因為她認為與貧民窟民眾共處、了解他們的需求，才能真正地幫助改善他們的生活。她的作為鼓舞了我和所有認識她的朋友。

當小丸子姐姐要離開埃及回台灣時，我幾乎要崩潰了，那種感覺比離開我的亞歷山大家人還要難過、悲傷。而且，傷心難過的不只我而已，我在亞歷山大的家人、小丸子的埃及爸媽和埃及叔叔，都因為她的離開而感到十分不捨；唯一令我感到安慰的是，我相信她會在其他地方陪伴需要她幫助並視她為榜樣的人，繼續做著了不起的工作。

【自序】

勇闖天涯

小時候的我也有過當英雄的念頭，但很快認知到自己的不足，幻想馬上破滅，然而在成長的過程中，發現自己有助人特質，從小學到大學畢業拿到的全是熱心服務獎。不當英雄，我更熱衷於當一個傾聽者和陪伴者。

大學時期我曾在青輔會（現已改制為青發署）實習，主要工作是協助推廣國際志工專案。畢業前夕，我翻閱各大專院校寄來的國際志工申請書，將它們一一分門別類，教育、環境、老人福利、社區營造等，其中東吳大學人權學程計畫案的標題「二〇〇六夏日，那段在東帝汶的日子」吸引了我的目光，翻閱內文時意外發現一張影碟。

影片裡頭四個台灣人化身為《魔戒》哈比人，勇闖至戰火剛平息的東帝汶（一個人均所得不到一美元的國家）當志工，我心裡冒出：「怎麼可能？」的問句；那裡的生活極度貧困，更別提瘧疾肆虐、戰亂交加，種種因素都足以殺死人的好奇心。

然而我已被他們的熱血行動勾起雄心壯志。儘管對「國際志工」仍一知半解，但在得知他們是透過韓國非政府組織 The Frontiers 的安排前進東帝汶，我心裡只想著：「做，就對了。」

可是，我要怎麼參加呢？

經費從哪來？

英文太爛怎麼辦？

但這些都比不上隔天志工報名就截止的迫切，我連夜趕出了英文自傳、參與動機等申請書表。二〇〇七年，鳳凰花開的畢業季，當時我還是個不敢自己出國、凡事唯唯諾諾、對世界充滿好奇的小女生，同學們或把握最後的暑假玩樂，或找工作，我則是送自己出國做志工。

雖然出發前才知道東帝汶額滿，需轉往印尼亞齊小島的海嘯災區服務，卻也因此遇見我的「大天使」張瓊齡，自此她在國際志工路上（本書的誕生也多虧她）一路提攜與教導我，成為我生命中的貴人之一。

在印尼亞齊時，我與同組的印尼志工 Sandy 教學意見不合，鬧得很不愉快。瓊齡聽聞後便告訴我：「你有兩個選擇，一是打包回台灣，二是好好面對。決定權在你自己。」

隔天為孩子上完輔導課，我便邀請 Sandy 一起面對面解決問題，往後我們可謂合作無間。從此我每常警惕自己，不管是做志工或任何一件事，凡事都要多用心。

當國際志工，聽起來很厲害，但其實體驗新鮮感的成分，常常遠多過於我當初身為菜鳥時所能為當地做的。

記得主辦活動的韓國組織為了讓志工深刻體驗海嘯的威力，便帶志工參觀「海嘯船」——一艘被海嘯沖離海岸一公里遠的巨大輪船。當大家臣服於大自然可怕的力量之際，我好奇地揣摩擺在海嘯船前方募款箱上頭的字——TSUNAMI。

這個字除了原本的「海嘯」之義，TSUNAMI 七個字母旁，還延伸出其他注解，分別是 T-tuhan（上帝）、S-suruh（秩序）、U-umat（人民）、N-nabi（先知）、A-agar（該）M-manusia（人的）、I-insaf（察覺）。

印尼亞齊海嘯船前的木箱子吸引了我的注意，我納悶著上頭寫的字母 TSUNAMI 代表著什麼意義。

我猜想篤信伊斯蘭教的亞齊人民面臨災難時，仍選擇相信這一切是阿拉的旨意，阿拉透過海嘯為亞齊重整秩序。果真海嘯發生隔年（二〇〇五），亞齊分離主義人士簽署諒解備忘錄，結束與雅加達政府長達三十年的流血衝突。我們服務的亞齊小島 Pulao Aceh，過去長年種植罌粟花，是毒品販賣走私的據點，海嘯災難為亞齊小島帶來和平的曙光，暴力衝突事件不再、島內改種供百姓維生的農作物，外界亦傾入救難資源，唯獨喪失親人的傷痛未能平復。

「海嘯來的前一天晚上，我夢到父母跟我說再見，直到早上我離開家去上學時，媽媽催促我趕緊出發，別遲到了，我來不及說再見就上路了。」

「我跟著叔叔逃到山上避難，叔叔告訴我：『爸爸、媽媽在另一頭等你，你們很快就會重逢了。』當海水退出城鎮，我迫不及待衝回熟悉的家園找爸爸，只剩下一面牆依舊佇立著，什麼都沒了……」

「看著海面上漂浮著一具具的屍體，我不知道阿拉為什麼要如此懲罰我們……」

我透過翻譯，聽著學生說出海嘯當天來襲的情景與感受，真是心如刀割。孩子們受創的心

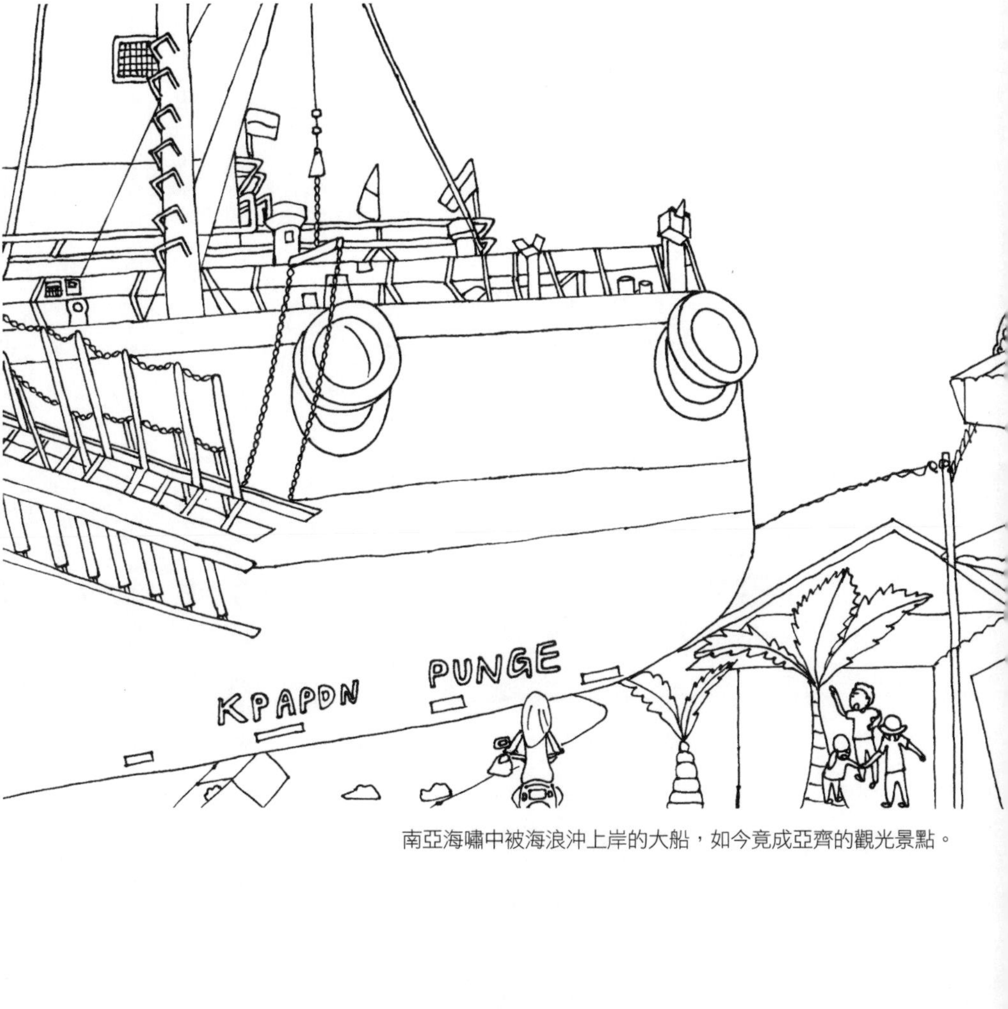

南亞海嘯中被海浪沖上岸的大船，如今竟成亞齊的觀光景點。

靈，需要更多的愛和時間來撫慰，這一趟國際志願服務，讓我看見生命的脆弱，也看見當地常駐工作人員、來自韓國的 **Bokhee**，幾年來對災民無私的奉獻和陪伴。

我，一個短期的志工，只能期許自己，不要造成組織和服務對象的負擔，學習在有限的時間、空間，用心傾聽、陪伴當地人，和大家過一樣的生活。

二〇〇七年秋天我從印尼亞齊回到台灣，有個聲音在心中迴繞著——我能夠再為受苦的人們做些什麼？

「有些事現在不做，以後也不會做了。」我這麼想著。二〇〇八年六月甫結束碩一課程，我向學校遞出了休學申請，帶著一分的天真和九分的傻勁，背起二十公斤重的登山包，準備在未知的國度——東帝汶待上一整年，出發前，周遭投來無數的疑問……

你到當地做些什麼？

為什麼要參與國際志工？

你參加的是什麼團體？

為什麼要休學一年去做國際志工？

為什麼你去過亞齊，還要去東帝汶那麼久？

你爸媽讓你去唷？你是吃飽沒事做嗎？

聽說當地衛生條件極差，你要準備多少衛生棉才夠啊？

我的行囊還真的裝滿一年分量的衛生棉，帶著心中無數的疑問啟程。

只能謹記某位常駐海外服務前輩的一席話：「NGO沒有想像中的美好，但企圖想要抵達的使命是令人敬佩的，無論好壞，如果你不去就不知道箇中好壞；要做到讓父母放心，首先你要證明自己有能力獨立生活。」

來到東帝汶後，我心中的疑惑不減反增，憶起志工友人曾說：「當地人羨慕志工手上閃閃發光的手電筒，志工卻欣羨著當地滿空璀璨的星斗。」國際志工情懷到底是一種鄉愿、憐憫之情？抑或是幫助弱勢者的情操呢？因為到了東帝汶，我才發覺自己反倒是「弱勢者」。欲到山區的鄉村服務時，當地學校擔心志工們不熟悉路況，派了學生來帶路兼當苦力幫忙扛教學器材和炊食用具，這個學生怕志工在路上餓著，還會突然神隱去摘芭樂、芒果來。

低頭默認，我是「先上車後補票」，到了當地才學會生火煮飯、學習當地語言、過團體生活，還和志工鬧意見，但若我不去面對，永遠也不知道自己的問題在哪。在熟悉的環境中，習慣家人的呵護、朋友的幫忙，我儼然是個幸運兒，然而當我置身在一座座大山之中，只能仰空長嘆，為自己找出路。

經過一年的磨練，我順利完成志願服務。離開東帝汶前夕，志工夥伴們親手寫了感謝信，信裡頭記錄了大家一年之中服務的喜怒哀樂，我忍住淚水，給志工夥伴們一個讚，也不忘檢視晒得黝黑發亮、吃得壯壯的自己。

當時為了幫志工準備惜別料理，整天絞盡腦汁，晚上睡覺還夢到臭豆腐、蚵仔煎，志工夥伴也發覺：從前鹽、糖不分的我，已懂得用料理來撫慰他們的心。

儲藏櫃還塞滿了學生的畫作和學習紀錄，捨不得丟掉，想盡辦法拍照存檔，因為裡頭有孩子們創意的發想、未來的夢想，還有課堂的回饋。

孩子們小小的腦袋，裝著大大的夢想，希冀志工們的接力陪伴，讓飽受戰火摧殘的孩子，成長不孤單。

東帝汶 Oecuse，和平學校下課後，Emma 與學生們合影。

離開東帝汶，我還捨不得直接回台灣，因此進行了一趟背包旅行，沿著爪哇島一路向北到班達亞齊。睽違了一年的時光，我真的回來了。班達亞齊多了嶄新的國際機場，整個街景樣貌大翻新，新港口坐滿了年輕情侶，小販叫賣聲不絕於耳。唯一沒變的是常駐工作人員Bokhee依舊在亞齊島上守護每個小生命。

聽聞辦公室遭遇過搶劫、原屋主惡意漲租金，我問Bokhee，為什麼她能堅強地在此「屹立不搖」？還不遺餘力地照顧鄰近災區的海嘯孤兒？

Bokhee只笑笑地說：「因為我有大家的支持。」從她身上我學到的不是經營致富的管理之道，也不是投資市場的股票分析，或成功事業的快速捷徑，而是一堂人生的幸福學——在圓夢的路上踏實地付出辛勞和勇敢地面對考驗。

人人希望人生旅途是康莊大道，她偏偏選了一條難

我與東帝汶的孩子們。

在東帝汶村莊早起下廚煮飯。

走的路，前進時可能伸手不見五指，但也因為在無光的時候，才能看見滿天星斗，而她就像黑夜中的星星，散發出燦爛的光芒。

返回台灣前夕，Bokhee 拍拍我的肩膀說：「你改變了不少，想必是東帝汶大大地塑造了你，如今你變得活潑又健談，難與二〇〇七年初稚嫩害羞的模樣畫上等號。」

雖然東帝汶志工行讓我暫時放下研究所課業，但它意外成了我的人生學校，重新帶領我研習貧窮、幸福、戰爭與和平的人生課，也讓我有機會重拾簡樸生活，發現自己的價值——不放棄的信念和一顆單純的心。

研究所畢業後，我飛到更遙遠的埃及服務，才去了不到四個月便遇上茉莉花革命，雖然情況驚險萬分，幸好有在地友人鼎力協助及保護，才讓我安然度過。

當時我二十五歲，帶著滿腔的熱血進入埃及，一心一意準備進貧民窟服務，卻被工作組織以安全為由，調換工作崗位及工作內容。我沒和組織多做爭辯，選擇先順應環境；既然暫時無法如願進入第一線服務，便自我調適，鼓勵自己將心思放在身旁所看到的人、事、物，也每每從小地方得到新發現。

二〇一二年三月某日。

我坐在前往路克索的火車上，準備參與埃及非洲電影節，也受主辦單位之託擔任影展志工。火車疾行，我看著窗外的風景，耳朵聽著手機的廣播音樂，把握難得的悠閒時光。突然間手機發出「嗶！嗶！」聲響，出現了瓊齡的越洋簡訊，原來她要出書了，內容與國際志工主題有關，而且她還向我邀稿。我二話不說馬上同意，並透過不斷往返的E-mail，陸續敲定返台後環島演講分享的行程。

瓊齡看過不少出國多年回台後嚴重適應不良的先例，為了助我排解近鄉情怯的感受，也期望我透過環遊台灣一周，重新認識這塊土地，讓過去的老朋友、即將遇見的新朋友重新認識或看見。第一場發表會，就從我的故鄉彰化起跑。

我和瓊齡前後花了三十七天、環島做了二十場的分享。旅途中，瓊齡寫了一篇關於我參與志工服務歷程的文章，刊登在她《國語日報》的固定專欄裡，篇名是「少

我與亞齊常駐工作人員 Bokhee（左）。

根筋也可以勇闖天涯」，文中提到我從小就是個「少一根筋」的女孩，說好聽是心思單純，講難聽一點是搞不清楚狀況，也沒有危機意識……

班雅明（Walter Benjamin）說：因為那些不抱持希望者的緣故，希望才賜予了我們。謝謝一路上帶給我希望的家人、師長和好友們，讓少一根筋的我也能勇闖天涯。

CONTENTS
目次

*本書篇章數字採埃及文標示，請參考第四十一頁對照表。

數字		阿拉伯文的數字		發音
0	→	٠	→	沙弗兒
1		١		哇虛(台)的
2	→	٢	→	一特寧
3		٣		塔雷塔
4	→	٤	→	拉罷
5		٥		憨沙
6	→	٦	→	細塔
7		٧		沙罷
8	→	٨	→	塔曼雅
9		٩		茶(台)沙
10	→	١٠	→	阿香(台)熱(台)

緣起：我的埃及、唉極、愛集

二〇一〇年十月，在浩然基金會「另立全球化國際志願者計畫」的支持下，我預備第三次踏上國際志工之路，前往埃及。雖有組織、工作同事相伴，但要親近中東文化卻得靠我自己，旁人使不上力。

出發前夕，賈桂琳．諾佛葛拉茲的新作《藍毛衣》是陪伴我的床頭書。

「二十五年前，我並沒有明確的計畫來支持自己的熱情，我當時所做的，就是如今我常建議年輕人的：從當下能做的事做起，把握眼前的機會。」賈桂琳書中這段話不斷在我心中迴盪著。

作者二十六歲那年選擇隻身前往非洲，過程遭遇種種磨練，讓她看見許多立意良善的傳統慈善工作，最後常落得前功盡棄。而一件曾經是她的最愛、青少年時期幾乎天天穿在身上、因故負氣捐出的毛衣，之後一路輾轉，多年後竟出現在非洲盧安達一個男孩的身上，這讓她明白看見：這個世界上每一個人都緊密相連，我們的行動（或不行動）或許都會影響到地球另一端那些你我從未謀面的人。

放下賈桂琳的《藍毛衣》不久，我上路了，出發時還不知道，遠方的埃及，也有一件「綠毛衣」正召喚著我。

過往在印尼亞齊、東帝汶的美好經歷，遇到的人、事、物都使我堅信人性本善，儘管過程中曾遭遇困難或挫折，最終總是化險為夷，甚至是從錯誤中學到寶貴的教訓。

直到在埃及生活以後，這樣的美夢悄悄被打碎了。在埃及，事情沒有想像中的簡單……

匆匆一年十個月過去，離開埃及返回台灣的前一個晚上，埃及友人南西捨不得我離開，便認真地跟我說：「明天你的班機會被取消，因為同機上的生意人臨時包走整架飛機，你鐵定回不了台灣。」我只當是玩笑話，完全沒放在心上。隔天一到機場，班機沒有取消，倒是登機時間提前，我真的錯過了班機，當場上演情緒大暴走。

一旁的埃及友人蒂娜安慰我說，當年她剛抵達法國，在搭乘地鐵時身上所有的旅費被偷得精光，她沒有因此敗興而歸，反倒跟友人整整兩個禮拜窩在公寓看電視，完全自得其樂。

雖然這跟我錯過班機、欲哭無淚的情況無法相比，但她要我相信，我絕對不是最慘烈的案例。可以說，直到離別前一刻，埃及仍為我上了寶貴的最後一課——無論如何，都要保持樂觀的心。

埃及有句諺語：「喝了尼羅河水，就會回到埃及。」在開羅，打開水龍頭直接生飲的水就來自尼羅河，幾位埃及友人總會「強迫」我喝生水，想用古老諺語的魔力把我留在埃及。他們沒料到的是，我人回到台灣了，心卻遺落在埃及的某個角落——牽引著我的不是宏觀壯麗的沙漠與法老雕像，而是埃及人幽默的笑聲，和面對困境時那「打不死的小強」精神。

曾經，我的世界非黑即白，毫無商量餘地。在埃及，我才試著學習不要拿自己的價值觀，輕易評斷一個人或一件事。

1

少根筋也可以勇闖埃及

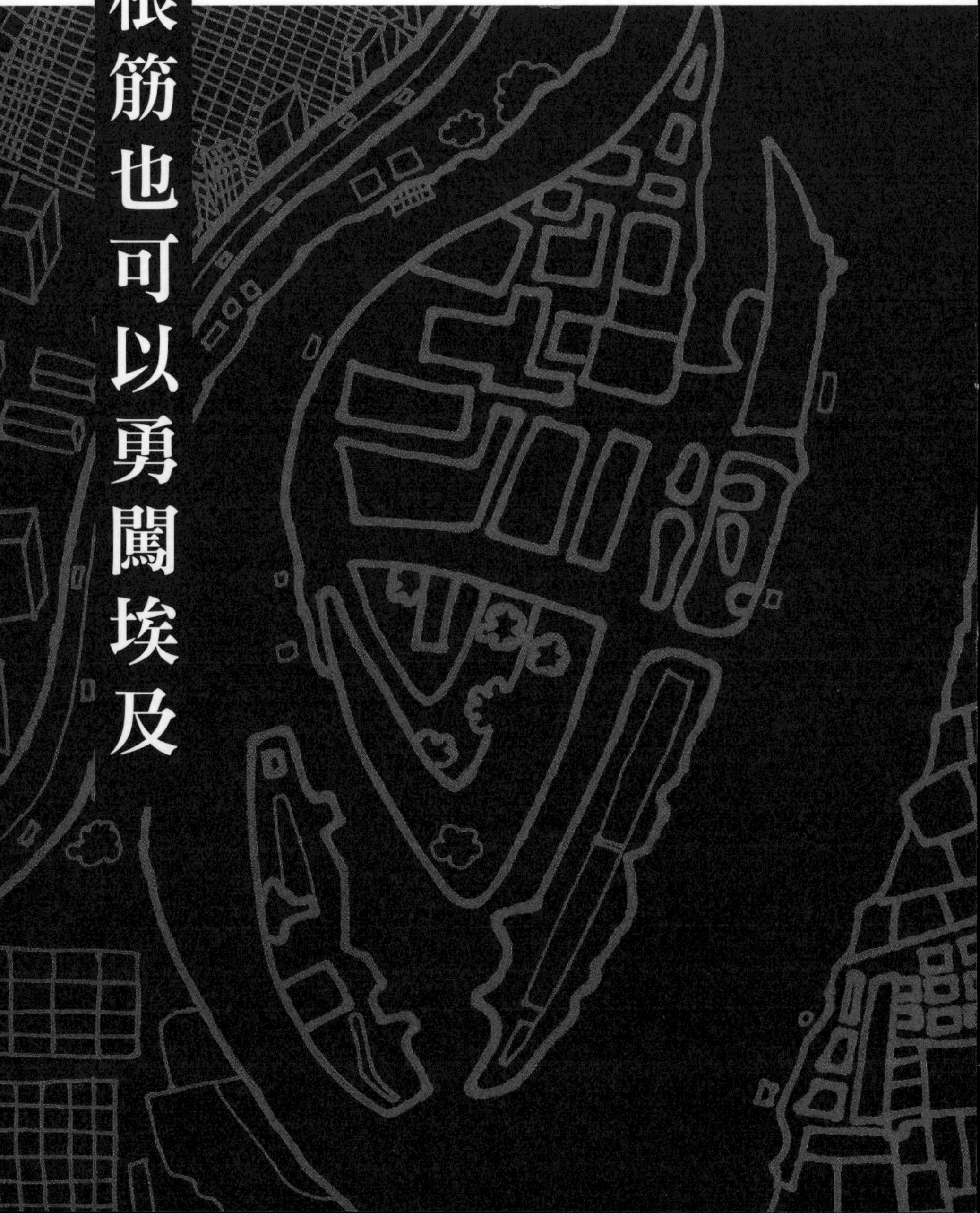

一抵達埃及開羅機場，就險些被放了鴿子。

凌晨時分，我在機場迎賓大廳來回踱步多時，心中升起不祥預感，該不會我被「遺忘」了吧？急中生智拿出一張白紙，上頭寫著我的英文姓名，向人群揮手示意，一個自稱阿里的男子出面相認，表明他在機場迷路。看到他，我像是看到汪洋大海中的一根浮木，緊挨著不放。

出國前就聽說埃及「豬哥」很多，阿里是我即將合作組織的主管之一，有他「護送」我就放心了。來到寄宿的旅社，阿里說：「中午組織祕書會跟你聯絡，你就先睡一覺，好好補眠吧！」

我天真地相信阿里的話。

下午兩三點，我從睡夢中驚醒，沒有人找我。阿里已從人間蒸發，傳說中的那位祕書也不見蹤影，我沒有當地貨幣——埃鎊，也沒有任何人的聯絡方式，就這樣傻傻地等到晚上十點，旅館人員通知我接電話，原來祕書有事耽擱了「一會兒」，保證五分鐘後會出現在我的面前。

沒多久，祕書拉著我的手，快速穿越裝飾用的交通號誌，十一點鐘我們坐在露天咖啡廳，品嘗土耳其咖啡。

此時場景若換成東帝汶，晚上十一點鐘，大家早已睡得人仰馬翻，除了特殊慶典婚喪喜慶會徹夜狂歡（或守夜）外，正常狀況是一早起床準備上工……突然我被濃郁嗆鼻的香菸和混雜著水果甜味的水菸味拉回現實，為了避免格格不入，我強忍著哈欠跟祕書及她的埃及友人寒暄，他們似乎不急著回家。

身旁的男士說：「有事打給我，我會等你喔！」

女士說：「你一個單身女性來埃及，超勇敢！」

這兩句話，從此開始跟我形影不離。

分開前，祕書說：「明天早上九點，我們在旅社門口碰面，不見不散。」我不疑有他，隔天早上還提早到樓下苦等，他們上班總不會遲到吧？直到接近中午時分，在我快被太陽烤焦之際，才有一輛黑白相間的計程車朝我叭了幾聲，司機用生疏的英語吐出一個字：「Emma？」

抱著最壞的打算，先上車再說，萬一事有蹊蹺我就跳車……

原來埃及時間的彈性這麼大！通常會比約定時間再晚個兩小時，而且也常深夜相見。

回想剛抵達埃及，人生地不熟，有一天回旅館時迷路了，一位自稱是咖啡廳老闆的男士出面搭救，把我安全地送回旅館。往後幾天他一直來電約我見面，時間訂在晚上十一點，當時我不曉得埃及是「越夜越美麗」的夜生活國度，才見過一次面的朋友，約這麼晚見面，是要幹麼呢？我當他是言語騷擾，開始不接他的電話。

最後被對方嗆聲：我沒有你這種奇怪的朋友！

在埃及生活了一段時間，才發現埃及人半夜還在外頭聚會是很常見的，我想那位搭救我的咖啡廳老闆應該覺得我是「怪咖」吧！很沒有人情味，竟然還拒接他的電話。

只是我還來不及適應天差地別、日夜顛倒的埃及生活，開羅的艾雪哈辦公室已經有一群人等著我的到來……

為我介紹恩客?!

在我眼前出現的這一群性工作者，年紀從十四歲到六十歲上下。看到東方面孔出現，她們好奇地把我團團包圍，說著我聽不懂的埃及方言。工作人員告訴我：「這群性工作者為了賺錢養家，才違反法律和伊斯蘭教法從事非法工作。她們來組織接受職業課程如烹飪、美髮和戲劇等訓練，寄望有朝一日脫離深淵。」

我也不知道發什麼神經，休息空檔把手機拿出來玩遊戲，被其中一位性工作者注意到，她「借」走我的手機，神不知鬼不覺地拿到我的電話號碼。

在埃及艾雪哈組織，性工作者們正在學美髮技能，期待未來能轉行擔任美容美髮師。

在埃及只要撥＊878＃，號碼就會顯示在手機上，不必擔心記不住十四個數字以上的電話號碼。我疏忽了這點，也覺得沒什麼大不了，反正對方是女性嘛！直到某個週末夜半，接到這個性工作者的電話，熱心要推薦我「恩客」，問我有沒有興趣。

這才明白，原來我被視為跨國性工作者！可嚇壞我了，我怎麼闖入花花世界啦？

隔天社工員趕緊來滅火，跟全體接受職業培訓的「受訓者」聲明，我的身分是志工，到組織來陪伴性工作者的孩子。在埃及沒有所謂社會福利或社工等相關的專業科目，更甭提社會學了；想跟大家解釋，但翻遍英埃字典卻找不到適當辭彙，這些受訓者也似懂非懂，乾脆當我是老師。

為了生活及「享受」下海

每天與性工作者和她們的孩子朝夕相處，間接聽到她們的親身經歷。

有位從小就是街童出身的女孩，為了生存常被流氓或警察騙去吃飯，代價是陪睡一晚，長大以後只要男人肯買手機給她、對她好，她就跟人家走；還有幾位長相貌美的少婦，從衣著談吐看來，我想不通，她們怎麼會變成性工作者呢？

「為了更好的生活品質。」她們如是說。

那位六十歲的阿嬤，怎麼看都不像是做特種行業，則是想趁「體力還行」，繼續賺錢養家。

而這些性工作者的丈夫，常常沒有正當工作，每天抽菸、下棋，跟老婆索取生活費。他們有些人從上埃及來到首都開羅，懷著淘金夢，想賺大錢，但只找到門房或清潔工作，更多窮人在口袋空空的情況下，乾脆佔據郊區空地，形成偌大的、散布在開羅郊區的貧民窟，他們沒文憑、沒背景又沒靠山，在小康或中產階級的埃及人眼中，被視為罪犯、強盜、小偷或是幫派分子。

他們的妻子為了嗷嗷待哺的孩子或挑起家庭重擔，成為幫傭或做起街頭生意，有些女性為了賺取更多的錢，成為了性工作者；以性交易者每小時可以賺五百台幣的收入換算，若是幫傭得做上兩個禮拜才行，這樣根本沒有時間打理家務、照顧孩子。

我想起，過去在台灣戰地金門尚有大量駐軍的年代，有軍人專屬的特約茶室，「消費者」依照軍階分級

我在艾雪哈辦公室教孩子畫畫。

購票「入場」，營業單位極為注重衛生與檢查，以預防性病的發生。這種公然的性交易，在特殊的時空被視為必要的營運且被保障。如今的軍中樂園已改為紀念館，提醒世人這段不能被抹煞的歷史……

「在那裡的姐妹們，她們既不是被逼良為娼，也不是在為誰而戰的號召下欣然前往，也沒有像大都會的勞軍團，在歡迎歡送的掌聲中，風光地驚鴻一瞥。她們是無聲無息地來去，在那火線上，隨時隨地會葬身在砲火中，生前沒人知道，死後軍籍上也沒有名字，她們與大家是同甘苦共生死的。」金門特約茶室展廳的牆面上用這一段話紀念默默「犧牲奉獻」的女性。

我很佩服保羅·科爾賀（Paul Coelho）小說《愛的十一分鐘》書中，一位巴西女孩為了圓歌手夢，一路從瑞士歌舞廳小姐變成性工作者，她認為「性工作」並不是黑白分明般的骯髒下流」，反而是男人的「重要」夥伴，傾聽男人工作上的辛勞與身上背負的家庭重擔。

在瑞士，性交易屬合法行業，性工作者需遵守工作倫理：不得愛上已婚顧客，下班後不得與顧客藕斷絲連，甚至不能相信顧客給的任何承諾。只要遵守法律的條文，便能從「工作」中賺取穩定的生活費用，供應家庭的經濟所需。

在我服務的組織中受訓的女性，有位二十七歲的性工作者，全家都仰賴她的性工作收入，只是家中沒有人知道她到底在做什麼。

為何罪責只在女性？

我開始思考，在開羅的性工作者不僅被汙名化，也被宗教冠上十惡不赦的罪名，但男性難道不該背負起責任嗎？

每年從沙烏地阿拉伯來埃及，不計其數來買春的有錢人。

街頭上對女子性騷擾的無聊男子。

那些財大氣粗，出入酒吧、俱樂部看肚皮舞女郎的大爺……

他們都體現了埃及社會中，對於女性的騷擾，或用大男人主義思維，將女性物化的那一面。而我心疼那些我接觸過的性工作者，通常是為了養家餬口，或更好的生活條件，冒著染上性病或愛滋病的危險從事性工作。

每每在街頭咖啡廳看著包裹在黑衣罩袍（burka）

圖左為艾雪哈工作人員 Amira，她把我打扮成穆斯林模樣，誇說我包頭巾比較美。

下濃妝豔抹的性工作者，她們點著菸，慢慢吐出一團霧氣，不疾不徐地尋找獵物，在人來人往、熱鬧非凡的街上以靜制動，我只能無奈地撇開視線，回到我的紅茶杯上，不願再多想。茶往往已經不燙了，顧不了紅茶渣，我一飲而盡。

在與性工作者近身共處近四個月後，二〇一一年一月二十五日，埃及開羅爆發舉世聞名的茉莉花革命，辦公室工作一度停擺，同年三月隨著革命衝突稍微趨緩，大家才回到工作崗位，而我也終於被調離開羅的艾雪哈辦公室，轉換到我「朝思暮想」的貧民窟──原以為一到埃及就可以直接前往服務的主要據點。但我卻開心不起來，原因是當我習慣了一個地方，就會對那裡產生依戀。從那時候起，我再也沒去過開羅辦公室。

二〇一二年五月，我走在大街上，碰到一位曾到組織上課的性工作者，我低頭走著沒注意到周遭事物，她主動向前問候我說：「好久不見，很想念你。」便給我一個大大的擁抱，我也熱情地回抱。她還不忘介紹身旁的男士給我認識──男士是她的「兄弟」啦，我們有默契地相視而笑。

小白兔遇上專業掮客

那次，我準備去辦居留簽證，半路在廣場被男子搭訕，他指著前方不遠的大樓告訴我，那是我的目的地，但是現在太早，公務員還沒上班，他的店就在附近，邀請我參觀一下。我心想與其在街上遛達被人騷擾，去看一眼也無妨。

一進到他的沙草紙專賣店，他指著牆上的沙草紙說：今天全部半價。我看幾眼說：「我完全沒有興趣，只想買開羅地圖。」話還沒說完，他已經跑走了。回來時帶了一張地圖，我打開看了看，問多少錢？

原本約五十元台幣的地圖，他卻說了十倍的價錢。我嫌太貴，他恐嚇我說：你已經拆封了，非買不可，別想討價還價！隨後身旁四個壯漢，滿臉凶惡地瞪著我。

看來我不掏錢，絕對走不出這扇門。

後來每次經過廣場，恨不得把那個「勒索」我的人揪出來，他們通常兩個人一組，一前一後包圍觀光客，想出任何可以搭訕觀光客的話。某次「那個人」認出我來，故意把頭一撇，我兩隻眼睛狠狠地瞪他，以解心頭之悶。

掮客最常使的撒手鐧，就是主動帶觀光客過馬路，再直接引導他們去精品店。因為在車陣川流不息的開羅，紅綠燈只是裝飾用，完全派不上用場，要過馬路只能各憑本事。

我不願武斷地批評這些招攬生意的小販或掮客。在全世界著名的風景名勝區，無處不是騙子、小偷和為了餬口的小商販，旅客只能自己培養判斷力，提高警覺心。

如果真能為當地帶來些許商機，我又何苦斤斤計較呢？

我選擇去支持當地非營利組織的手工藝品，價格雖比市面貴一點，但賣得的每一分錢，都作為當地婦女、少數、弱勢族群的生存基金，意義非凡。

不能說「慶幸」自己年輕時被騷擾、欺騙、恐嚇過，只能怪自己太少根筋，還好每每在全身而退後，還不至於對陌生人築起高牆，反而能學習在不同的人生路口，隨時停、看、聽，不受一時壞天氣、壞路況的左右，還是能繼續勇闖埃及！

貧民窟，我來了

曾經，我的世界非黑即白，毫無商量餘地。

在埃及開羅認識了這群「樂活」朋友，性工作者帶自製蛋糕與每個人分享；工作狂朋友沒日沒夜地工作後，再瘋狂地跳舞玩樂，平日看似一本正經的朋友們，趁著舞會空檔一起抽大麻，我在旁邊看傻了，他們一舉一動還是如常……其實就是開心過日子，不要把事情想得太嚴肅，自己拿捏好分寸，便放膽嘗試。

來到埃及，我才試著學習不要拿自己的價值觀，輕易評斷一個人或一件事。

前進貧民窟，首先的功課，便是學習如何從首都開羅去到郊區的貧民窟，同事帶我走一次之後，讓我得知在哪裡坐幾號公車、轉車，此後，我便單槍匹馬前往，縱使外界的刻板印象——貧民窟的人都是壞蛋——在我腦袋如鬼魅般如影隨形，但我仍刻意保持冷靜，慢慢走在前往辦公室的路上。

過了一陣子，沿路商家的小販已習慣我的出現，還不時以高分貝的音量打招呼，用英文跟我說：「哈囉，你好嗎？」每一天他們只要看到我，總會讓全街上的人都知道我的存在。

貧民窟夏日營隊，主題是「我的夢想」，我用黏土製作了飛機、相機，代表環遊世界的旅行夢。

我怕塞車，總會提早出發到貧民窟的辦公室，辦公室往往還沒開，我便蹲坐在一旁看書，街角的咖啡店老闆見狀便拿出椅子，讓我坐在門口等，還說，往後若他在忙生意，我隨時可以自己搬椅子坐。這只是一個小小的舉動，但我感到好窩心。

每當我不經意抬起頭來，看見路過的婦女、小孩帶著一抹微笑，賣洋蔥的貨車、收破爛的驢車，賣雞隻、魚貨、蔬菜的卡車，川流不息，生氣勃勃。

在貧民窟，我意外獲得一種歸屬感。

埃及的分享文化

現在要是提到貧民窟，不免會投射到電影《貧民百萬富翁》中的場景。

的確，貧民窟裡生活環境品質低落，滿地的垃圾和崎嶇不平的泥石路，但也發展出獨樹一幟的生活機能。

我所在的貧民窟靠近交通幹道，由外而內分成四區，第一區、第四區外圍生活條件相對便利，我上班的組織位在第一區，此區布滿服飾店、網咖、果汁店、裁縫店、修車廠、麵包店、餐廳、文具行和水果店……

第二、三區則相當淒涼，沒自來水、沒電，連出外就醫都很困難，第四區因為靠近郊區豪宅，不乏醫療、商店等設施，較容易獲得幫傭打工賺錢的機會，生活品質則是最好的。

貧窮是舉世皆存在的現象，但埃及人有「分享」的文化，窮人日子再怎麼苦，也會掏出僅有的錢幣，幫助路邊的乞丐；肚子再怎麼咕嚕作響，也會邀請朋友一起用餐；時間再怎麼匆促，也會一起行動，沒有人會落單。對他們來說，與其怪罪命運乖舛或自怨自艾，倒不如彼此互助和更努力地生活。

某天回家的路上，我塞了一埃鎊給坐在路邊賣口香糖的盲人，從他手中拿了四粒口香糖，我轉身走往天橋，他卻急著喊等等，又塞了一把糖到我手中。我被他這個舉動震撼住。

不少人總想著，等自己賺大錢後再來幫助窮人，其實當機會來臨時，一丁點的錢財或勞力付出，也會有意外的驚喜，正如同盲人教會我，與人分享的快樂，勝過獨自擁有。我從原本施捨、憐憫之心轉化成另一種心境，像是從友人手上接了小禮物。

這位盲人也打開我心中看往窮人世界的另一扇窗，他們用一份正當工作的心情，付出心力賺取微薄收益，工作看似卑微，態度卻令人敬佩。

「難捨難分」的中台泰

每當我去買東西時，沿途總會聽到Xini（埃及話「中國人」的意思），雖曾試著解釋我其實來自台灣，貧民窟的商販卻往往不知道台灣在哪裡，台灣是泰國嗎？我也無從指正他們的概念，因為對他們來說，可能從出生到死亡都待在貧民窟，連開羅都沒去過，外面的世界與他們相隔太遙遠。

我並不歧視辛苦跑單幫、到處擺地攤的中國小販，但我卻特別反感人們把我視為賣手機的中國商販。因為總遇到當地人語帶嘲謔地對我說：「又是中國人來賣東西！」言下之意是中國人搶走埃及人的工作機會。

實際上埃及人樂天個性的背後，也不免反映了懶散或苟且度日的毛病，面對異軍突起、勤奮努力的中國商販，埃及人只有靠邊站的份。也曾傳出埃及人搶劫中國商家，還好沒有人員傷亡，商家在投訴無門下只能自認倒楣。

想起在開羅念書的台灣朋友曾耳提面命叮嚀我：「在埃及生活不要落單，因為埃及人不分青紅皂白，看到東方臉孔一律認為是中國人，認為中國人做生意搶他們的飯碗。」此位台灣朋友聽聞過不少被劫財的案例，加上他自身的經驗——在埃及念書時，他住在開羅較為富有的區域，某次晚上回家摸黑抄近路，被歹徒盯上，全身最值錢的手錶被拔走，還差點遭歹徒刺傷。

其他中國朋友則告訴我說：「一名賣手機的中國小販，拎著手機貨物袋回家，在門口被歹徒持槍勒索，還來不及喊救命，歹徒已經搶走貨物袋駕車逃離現場。」

置身埃及，所看到的日常用品幾乎完全是中國製造，小至文具用品，大至家具櫥櫃，很多人都抱怨用不到幾個禮拜就壞了，但價錢實在便宜，所以還是有人買，因為一般百姓根本買不起進口商品。

中國商販厲害之處，連我所待的貧民窟，令一般人卻步的地方他們都曾出入過數次，只為了不錯過任何商機。有的人說中國精神值得學習，埃及人若不改陋習，永遠沒有鹹魚翻身的機會；也有人說中國人簡直把命都賠上了，只為了賺錢，光活著又有什麼樂趣呢？

革命與山寨機

最讓我跌破眼鏡的是，埃及茉莉花革命竟吸引更多中國商販來賣山寨機！

因為他們看準埃及人愛用手機照相、聊天，革命期間手機熱賣的程度和緊張情勢同樣達到高峰，年輕人瘋狂將解放廣場的畫面傳至臉書、YouTube，生意之火紅，連埃及人也開始仿效，中國商人眼見開羅生意越來越難做，便轉往第二大都市亞歷山大覓生機，每天火車來回將近四個小時，有人果真殺出一條血路。

除了賣手機的中國商販，也有不少跑業務或在埃及工廠擔任主管的中國男、女青年，多數為八〇年後出生的年輕人，他們已跑遍埃及或非洲各國的業務；光憑第一眼印象，感覺特別成熟穩重，但有的人甚至還比我年輕。

他們不諱言，在家鄉沒有工作機會，更不用提賺大錢，唯一的機會就是出走！憑著堅毅不拔的態度在此闖出一片天。身處異鄉的他們，對於當地人、事、物沒什麼興趣，只有每逢中國春節，迫不及待回家鄉買車買房，藉以光宗耀祖、號召更多青年子弟踏上異國打工之路。

全世界只要能夠賺錢的地方，幾乎都有中國人的身影，有人說中國人是打不死的蟑螂，根本不可能贏過他們。

曾聽台東達仁鄉台坂部落的老人家說過：一九四〇年代沙烏地阿拉伯、非洲等地都是台灣原住民的天下，他們到異鄉當台勞，工作一兩年可以抵在台灣賺十年，特別是原住民同胞；現在則是中國人，因為他們肯吃苦。

到底是中國人太霸道，世界各地到處卡位？還是台灣人走不出去，缺乏面對困苦環境的鬥志？或世界觀格局太小呢？想起部落長老的話：「路是人走出來的。」讓身處在埃及的我，時時提醒自己要努力保持一顆探索、好奇的心，走出自己的路。

Emma「埃」呀！

埃及人不能沒有「電視」!!

出門到了餐廳，外帶食物區旁，掛在高處的電視牆播放著清真寺長老念誦《古蘭經》經文，再來是轉角的咖啡座傳來電視轉播足球賽事的激昂聲。回到家一坐在沙發，手上至少拿著兩個遙控器，一個是接收埃及境內的國家頻道，另一個是接收遠在沙烏地阿拉伯、黎巴嫩等其他國家的衛星頻道。依據衛星空照圖顯示，埃及是一個「不夜城」，但要是少了電視，埃及的夜就沒法這麼美麗了吧？

我能體會一個人在陌生國度的孤單和寂寞，只要時間、能力所及，
我很樂意提供背包客一個落腳的地方。

٢

二〇一〇年剛抵達埃及的我，居無定所，透過組織安排暫時寄宿旅館，某位女性同仁見我的荷包一直縮水，好心把我撿回家。

借宿的房間裡有一大片落地窗，晚上冷風颼颼地吹，真可謂「刺」骨銘心，好幾次睡到半夜，我忍不住衝到溫暖的客廳，身子還是皮皮剉。原本這是同事弟弟的房間，但冬天實在太冷，弟弟跑去跟媽媽擠，我搬進去時儼然是個倉庫，裡頭還沒有窗簾。我把所有的厚重衣物全裹在身上，仍無法禦寒，同事家沒有多餘的棉被，我也不好意思開口要求。

早日找到一個屬於自己的小天地，是我的當務之急。

「告訴你一個好消息，我有一位朋友正在找室友，不過她需要先跟你碰面談談。」埃及同事掛掉電話，語帶興奮地對我說。

「Oh, ya，我終於不必再被凍醒啦！」同事沒察覺我怪異的笑容。

其實早在借宿她家前，我已經在旅館待了兩個禮拜，每天外食。在旅館吃免費早餐時，得不斷面對不同背包客，重複同樣的話題——我是誰？來自哪裡？到埃及做什麼？剛開始還挺新鮮，交流旅遊經驗外，也聽聽他們的故事。久而久之，目送背包客離開的日子顯得枯燥乏味。

同事答應幫忙物色房子，但不是價錢太貴就是距離上班地點太遠，剛到開羅的我，只好癡癡地等，到後來她也看不下去，乾脆讓我搬到她家去，省一點住宿費，享受一點家庭的溫暖。

真的是出外靠朋友啊！

同事的朋友叫南西，年紀比我還輕卻已工作多年，是個熱愛音樂的女孩。我們相約在咖啡店，她劈頭就問：「你喜歡貓嗎？」她住的公寓在市中心 Talaat Harb 大街上，周圍有超市、電影院和文藝場所，離捷運、公車站約十五分鐘腳程。

最棒的是，從她的公寓走到辦公室只要二十分鐘。

價錢一談好，我二話不說：「明天就搬！」比起她口中的前恐怖室友，我身上沒刺青、出門全身包得緊緊、不抽菸、愛護動物，還是一個老老實實又有點害羞的亞洲人，跟我住，她可以放一百二十萬個心！

隔天我拿著南西給的公寓住址，搭上計程車自行前往，問題是計程車司機不知道路，看了地址還把我放錯地點，附近又恰巧有同名的麵包店和電影院，所以我完全沒察覺。我背著二十公斤的登山包站在街上，在寒風中等待南西的出現，折騰了一小時，好不容易才找到她。見到面時她遞了一包爆米花給我，補充一下體力。

哎呀，爆米花怎麼這麼鹹？看她吃得津津有味，難不成這裡的人都愛吃重口味？她冒出一句：爆米花哪有人吃甜的？很奇怪吧！

伴隨著奇怪的口感，我終於進到了開羅公寓，迎面聞到一陣臭味，整個「家」簡直是亂七八糟，流理台堆滿了髒汙的碗盤，必勝客的披薩盒就擺在桌上，還有一隻貓向我衝過來，牠就是南西的寶貝Luna，陽台上牠專屬的貓砂盆，熏得我幾乎求饒。

只是我頭都已經洗了一半，怎麼能半途而廢呢？更何況房租都已經預付了，就先待一陣子再做打算吧！房間格局雖小，也能塞下一張單人床、兩個櫃子還有一座梳妝檯，我心中充滿了小確幸，終於不用再當無殼蝸牛，過著寄人籬下的生活。

過幾天我翻出打掃工具，趁著晚上南西還在工作，兼差當起清潔阿姨，把碗盤洗得亮晶晶，再物歸原位，將客廳、陽台、廁所全面大掃除。南西回家後嚇一跳，信奉基督教的她認真地看著我說：「你是上帝派來的天使！」我也被她這句話嚇到，生活在一起就是互相體諒嘛！何必跟自己過不去？

從此我的開羅公寓生活正式拉開序幕，可不輸給著名的亞庫班公寓喔。

我與埃及室友南西。

真實上演的《亞庫班公寓》

這部讓我驚聲尖叫的埃及電影，場景就在開羅的「亞庫班」公寓，離我住的開羅公寓僅隔了兩條街。《亞庫班公寓》裡頭的人有同性戀、純真少女、有錢的色伯伯、盜用公款的門房和懷才不遇的青年，交織成一段怵目驚心的「埃及蜘蛛網」。

電影中的男同性戀是一位頗負盛名的記者，從小被工作狂的父母冷落，無意間跟家中的男僕人發生了性關係，從此他只對男性有感覺，然而在埃及同性戀異常可憐，因為整個社會根本不允許同性戀的存在。他看上一位從上埃及來服兵役的年輕男子，努力將他「洗腦」成功，並承諾會照顧他已婚的妻子和小男孩，然而小男孩生病過世後，阿兵哥便帶著妻子不告而別。男記者崩潰欲絕，開始讓陌生男子隨便進入家中，最後被強盜洗劫一空還送了命。

而純真少女和有錢色伯伯發生一段不倫戀情，儘管兩人相戀過程曲折，最後有情人終成眷屬。那個盜用公款的門房雖然內神通外鬼，也抵擋不了正義凜然的色伯伯。

劇情中最令我飆淚的橋段是，那位懷才不遇的青年，他報考警察學校，在最後一關面試主考官問他：「你父親的工作是什麼？」他回答自由業，卻被一個眼尖的長官看出他其實是門房之子，直接被刷下來。他意志頹廢下，跑去聽聖戰者傳道，無法自拔地投入聖戰理念。劇中的場景，也真實發生在開羅社會，一位多次報考軍官學校的友人，以優秀成績通過筆試，每到了第二關面試時，因為沒有雄厚的家世背景，屢屢被刷下來。

從電影劇情回到真實人生，我的開羅公寓雖然沒有色伯伯和盜用公款的門房，但角色肯定比《亞庫班公寓》更加錯綜複雜，劇情也更加精采。在我家出入的人主要來自南西廣大的人脈，光是藝文界的朋友，就橫跨歌手、音樂家、聲樂家、樂團、戲劇家、舞蹈家、導演、製作人、畫家、作家和記者，還不包含她的粉絲或在街上認識的拾荒小男孩，這些人都曾是我們的開羅公寓座上賓。

我們家有時是樂團的排練室、雜誌訪問攝影棚、喝酒的祕密會社、談音樂創作夢想的發源地、情人上演分手擂台的私密空間或是情人分手後解悶的小廣場，我大開眼界，原來一間公寓可以有如此多元的用途。

一位愛上戲劇家的畫家朋友，為愛發瘋。曾經兩人如膠似漆，後來戲劇家移情別戀，畫家差點自殺，最後在南西的陪伴下去看心理醫生，我最後一次看到畫家時，他面容憔悴，瘦得快成骷髏。

還有一位導演，本是駐韓國的埃及大使，受不了枯燥乏味的大使生活，辭去高薪鐵飯碗，轉而投資影音娛樂事業，娶了一個韓國太太，說得一口流利的韓語。他因為太想念埃及生活，每隔幾個月便從韓國飛回埃及，做點生意也順便輕鬆一下。

另一位男舞蹈家在一個小劇場表演，公然出櫃後贏得大家的掌聲，埃及年輕一代越來越能接受不同的性傾向，不像老一輩的同志永遠只能躲在暗處，過著鬱鬱寡歡的日子。

也有女同志朋友，雙方本來都是異性戀，皆有絡繹不絕的追求者，然而兩人基於對藝術瘋狂的愛好，彼此形影不離，發展出一種「曖昧」的關係，她們分別是虔誠的基督徒和伊斯蘭教徒，為此飽受宗教、身心的折磨。

據說《古蘭經》裡頭記載，在古代，阿拉真的顯神威，將有同性戀的村莊盡數毀滅，因為同性戀是天大的罪惡；《聖經》中則說，神沒有創造同性戀慾望的人，一個人是因為罪，才變成同性戀。兩位友人分別向我哭訴心中的憂愁。

她們對自身的性傾向覺得很骯髒。我跟她們說：「在台灣，我身旁有不少同性戀友人，他們選擇出櫃做自己，整個社會輿論也逐漸接受不同性傾向的人，還有同性伴侶攜手共度人生，更不乏變性人做手術來重生。」她們搖搖頭，目前為止，埃及社會幾乎是不允許同性戀存在的，唯一的辦法就是移居歐洲或美國。

當時我沒提及的是，自二〇〇三年台灣舉辦第一屆同志大遊行起，一直到二〇一二年，主題從最初的公民意識，提升為婚姻平權、伴侶多元，中間需要多少人來成就和關注同志議題，現在才能看見一點一滴的成果，同志朋友們更是自掏腰包或合資購買相關書籍，寄送給高中、職校輔導室使用。

只希望她們不會重蹈電影《亞庫班公寓》裡頭同性戀記者的悲劇，自我放逐而消失在茫茫人海中。

我的開羅公寓拜南西之賜，從早到深夜都有意外訪客，來到公寓聊創作、聊八卦，還有聊心事。剛開始每次南西有訪客時，我總會把自己鎖在房間內，心裡犯嘀咕：好不容易從喧鬧的街頭回到家，耳根子也不能清靜……後來卻演變成我在房間聽他們聊到有趣的話題或新聞時事，便會立即奪門而出加入他們的行列，有時則沉浸在南西樂團友人演奏的音樂情境中。若南西某天安靜閉關，我心裡第六感準沒錯——有代誌（台語）發生了。在開羅公寓要圖一點安靜，真的好難好難！

南西與小丸子

開羅公寓的主角當然是我的室友南西。與她合作過的音樂夥伴，都會被她十項全能的音樂天分所吸引。到美國巡迴表演時，也曾被外國團體主唱「盯」上；參加聯合國和平音樂會，相識以色列歌手，男生為愛走天涯，來到埃及央求她到西奈半島見面。因為以色列和埃及兩國政治、宗教立場的差異，雙方勢不兩立、互不往來，而西奈半島紅海度假區域全面開放觀光客遊覽，故以色列人士仍可前往。

還有一位美國記者也對南西一見鍾情，我常被問：「你覺得南西喜歡我嗎？」處在多角地帶的我，只好傻笑說：「或許吧！」接著趕緊逃之夭夭。

我們的開羅公寓也有門房，這位來自上埃及的純樸青年，每三天就會把公寓的樓梯刷得清潔溜溜，他也是南西的「好朋友」，有一陣子我忙得沒時間清理家務，南西便把家務外包給門房，他整理了兩三個小時，整個公寓像是全新的，一點灰塵都沒有，地板亮得發光，可以直接躺著睡覺。

每當南西的朋友來訪時，她總會鄭重介紹我：這位是來自台灣的「小丸子」。南西愛看日

本卡通《櫻桃小丸子》，因為小丸子好天真、好可愛。她覺得我跟小丸子長得簡直一模一樣，小眼睛、小鼻子、小嘴巴，還有一頭烏黑筆直的頭髮，她還問我：亞洲人都是這樣嗎？所以許多素未謀面的朋友，第一次看到我，馬上就會用語帶埃及腔的中文說：你就是「小丸子」。

無論我再怎麼解釋，亞洲人長得其實不一樣都沒有用。甚至還有人誤以為亞洲人五官小、個頭小是源自於廣島原子彈災後的副作用，導致每個人看起來都小小一隻。我聽了簡直哭笑不得，無論如何也要嚴正聲明。到底是他們太沒有世界觀，還是亞洲離他們真的太遙遠？不過反過來說，台灣人不也常誤以為歐美人都是金髮碧眼的「帥哥美女」嗎？恐怕還是要多旅行才是增廣見聞的良藥。

南西告訴我：「你也可以邀請其他的小丸子來家裡玩啊！」我嘀咕著：我就一個人來開羅，哪裡認識其他的「小丸子」呢？

「撿」背包客回家

不久後，我在埃及餐館遇到一位廣東大哥，他自稱「隨緣」，正在環遊世界途中，第一站

南西的朋友堅信亞洲人是受到廣島原子彈影響，所以才會眼睛鼻子都很小。

來到埃及，可是深受埃及人要小費和擁擠不堪的街道所苦，本來要去逛罕哈莉莉市場，走不到一半被人群推擠，他很不自在，就打道回府；去了上埃及古蹟名勝區旅遊，被恐嚇威脅付高額小費，還好有結伴同行的背包客，兩人一起嗆聲壯大聲勢，才順利「逃」回開羅。

末了他說自己的願望是吃一頓尼羅河魚，安靜地在沿岸散步後，就準備離開埃及。

我跟他素昧平生，只覺得這位隨緣大哥真可憐，如果我能幫他達成心願，至少讓他離開埃及的時候不要帶著遺憾吧！我馬上去咖啡廳找埃及朋友，問哪裡可以買尼羅河魚，請他們指點迷津。

買好尼羅河魚、埃及甜點還有埃及茶，我便邀請隨緣大哥到開羅公寓作客。他下廚煮魚時，發現廚房根本沒有蒸鍋，也沒有薑絲和醋，他轉而用平底鍋來蒸，改放了醬油和鹽巴，味道也挺不錯。

不過他一吃便說：「這是海水魚，不是河魚。」天啊！我被騙了，他安慰我說沒關係，在埃及這很正常，看來隨緣大哥比我想像中還淡定。

送走了隨緣大哥，我又從捷運站「撿」了一對韓國情侶回家。當時他們正拿著地圖找旅館的位置，剛好就在我每天會路過的區域，我便好心地當起嚮導來。一聽說他們接下來要去西瓦沙漠，回來後要立刻前往上埃及，為了省錢沒有訂旅館，我阿莎力地說：「回來打電話給我，到我的開羅公寓梳洗一番。」再度見到他們時，果然顯得身形憔悴，但仍不忘跟我分享沙漠的美和大自然的奧祕。

談話中得知他們在杜拜的韓國社區教韓語，兩人趁著假期來埃及旅遊。比起杜拜，他們更喜歡埃及，在杜拜他們只感受到天堂跟地獄的差別，外國人和有錢人都是以車代步，大部分移工和當地人則是走路。全年炙熱的夏天，看著工人汗流浹背地鋪設柏油路。每天除了教課就是回家，他們哪裡也沒去。

一會兒，我拿著兩包韓式泡麵進入廚房，準備給他們一個驚喜，因為他們很想念韓式食物，但在埃及很難吃到，而這兩包韓式泡麵是我之前去韓國買的，一直省著，這是最後的兩包。

他們一看，露出我是救星的眼神，邊吃邊說：「你怎麼這麼會煮韓式泡麵？麵條Q又有嚼勁，有時候麵容易煮不熟或煮

在開羅公寓裡，與來自廣州的隨緣大哥煮冒牌的尼羅河魚。

太爛。」我邊聽邊不好意思地回答：「在東帝汶，一位韓國牧師教我煮的。」那時，我在東帝汶當志工，韓國牧師帶領一群年輕人到東帝汶巡禮，還帶了許多物資，某天半夜大家餓昏頭了，牧師親自煮消夜，我自告奮勇去幫忙，趁機向他學一點小撇步。

韓國情侶也很好奇，我為什麼願意對陌生人敞開大門？

這也要感謝在東帝汶的那段日子。一位我敬佩的韓國長輩曾告訴我：早年他一個人在東帝汶闖蕩時，有一晚在海邊餐風露宿，一位漁夫發現了他，邀請他到家中作客，雖然只是一個簡陋的漁棚搭成的房間，只有一張床，漁夫卻堅持留他在屋子過夜，漁夫說自己會想辦法，要他別擔心。

隔天一早，他去海邊散步，看見一艘小小的木頭漁船靠在岸邊，走向前看，原來是讓出床位的漁夫，蜷曲著身體在裡頭睡覺。在一個相對貧窮和弱勢的國家，人民卻願意敞開大門，歡迎陌生人。他期許自己往後也能像那位漁夫一樣，對待陌生人一視同仁。

當我來到異鄉開羅時，我能體會一個人在陌生國度的孤單和寂寞，只要時間、能力所及，我很樂意提供背包客一個落腳的地方。一許下這樣的心願，果然生活更加忙碌了起來，連去上

從韓國長輩那裡，我聽見了東帝汶漁夫歡迎陌生人的故事。

埃及路克索旅遊時，也遇到背包客在從約旦到西奈半島邊界的公車上掉了信用卡，那是他唯一的金錢來源，接下來他還要去歐洲、美國、中南美洲。

趕緊辦了信用卡掛失後，只好等家人寄新的信用卡到埃及，但是他在開羅沒有固定地址，我跟他說：「那就寄到我家吧。」等他從路克索回到開羅再跟我拿。

其實，助人也沒那麼難嘛！

往後在臉書看著這位背包客出現在墨西哥馬雅遺址、尼加拉大瀑布，露出燦爛的微笑。能夠當別人的「小天使」，何樂而不為呢？而我這個「小主人」，不也是受到其他「小天使」的幫忙，才順利在開羅找到一個「家」嗎？

亞歷山大之於我，就像埃及其他城市，本來只是一個地名。
直到茉莉花革命發生……

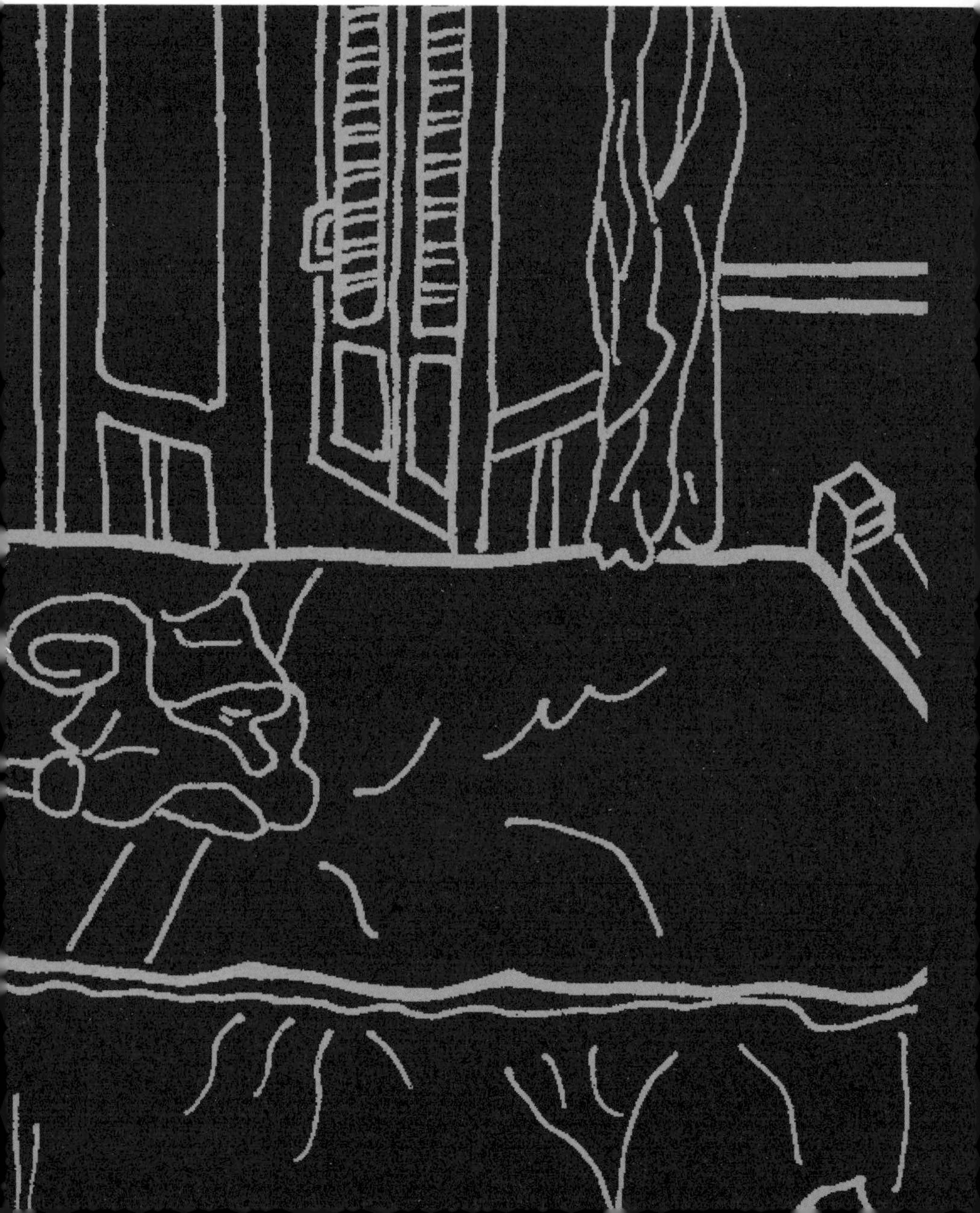

3

地中海邊的家

搬進開羅公寓不久，我和南西很快成為無話不談的好友，她也永遠有說不完的故事，這次是關於她的故鄉——亞歷山大（或譯亞歷山卓）。

「亞歷山大是一座很美的港灣城市，但我不想一輩子被困在裡頭。」南西一邊逗弄從亞歷山大公園撿回的野貓Luna，一邊快速準確地打黑莓機訊息，發出「滴、滴」聲響，還不忘抬頭向我講述她不凡的人生經歷。

當年十六歲的她決定背著小提琴離開亞歷山大，前往首都開羅闖蕩圓夢，憑著法語專長，白天在電信公司做法語客服專員；晚上則到酒吧、劇院，幫樂團演奏配樂。從此不拿家裡的任何一毛錢，賺多少花多少，活得自在、灑脫。

與生俱來的音樂天分和八面玲瓏的處事態度，使南西的知名度水漲船高，經過十年的耕耘，演出結束總有瘋狂粉絲在外頭守候，舞台上鎂光燈閃爍不停，人群的尖叫聲此起彼落，雜誌報導、上電視、錄廣播節目已是家常便飯，每年到歐美巡迴表演則是她的外國粉絲遽增的主要原因。現在的她白天在英語學校當老師，晚上繼續做她的音樂夢。

南西的爸爸曾希望她念完大學，留在亞歷山大當音樂老師，就像小時候女兒總黏著他，寸

南西、南西媽媽和我同遊亞歷山大港口。

步不離。但事與願違，南西大學被二一，降轉至其他學校念旅遊觀光系，她只更堅信自己的音樂夢，但跟媽媽保證一定會拿到大學文憑。

這不是為電影《楚門的世界》最後埋下的伏筆，做了新的詮釋嗎？楚門從出生就被設計成為肥皂劇的主角，直到他發現一切理所當然的世界，充斥著虛偽和謊言，原來他只是一個被操控的傀儡。

楚門踏出了巨大的攝影棚，接下來呢？他面對的是另一座更高、更頑固的隱形高牆，他能否突破重重考驗，為自己的人生寫出漂亮的劇本呢？

多少人能脫離家庭無微不至的照顧，完全白手起家？是辜負「家庭」的期待，抑或是勇敢走出自己的路，何者更令人欽佩呢？每個人都是獨立的個體，擔當的能力從南西的眼神透露端倪；並不是每個人都有語言、音樂天分，如何在成長過程逐步挖掘和建立自己的能力？恐怕「學習承擔」，才是更重要的一堂課吧！「勇於承擔」何其珍貴，也是我的人生功課。做自己，得要從對自己負責開始。

港灣城市亞歷山大。

逃難到亞歷山大

亞歷山大之於我，就像埃及其他城市，本來只是一個地名。

二〇一〇年耶誕節，長期在外奔波的南西終於肯回亞歷山大與家人團聚，身為虔誠基督徒且擁有音樂天分的她，從小就參與教會節日表演，因此每到耶誕假期，家鄉教會的音樂饗宴總等著她回家彩排。我答應其他朋友參加年末派對，獨自一人留在開羅，直到一封來自亞歷山大的郵件悄悄打亂了我的心思。

寄件者是一位法國畫家，我們相識於開羅的咖啡廳，從他的談吐和笑容就知道，經歷過不少大風大浪存活下來的他，可非等閒之輩。保持一貫優雅的紳士風度，是我對他的深刻印象。我以一種脫俗的心情來看待這位藝術家。

郵件標題是：我的小天使～

奇怪，我跟他搞過曖昧嗎？還是他寄錯對象呢？再仔細看，沒錯，收件人就是我。

這封「寓意深長」的郵件寫著：「亞歷山大，當地人稱希臘的國度；開羅則是野獸的國度。如果你來亞歷山大，可以享受海風穿透你的肌膚到心靈深處，而一望無垠的地中海能洗滌你的煩惱，達到身心靈合一的境界。你心動了嗎？我的小天使，我已為你準備了床位，一起來享受

片刻的寧靜吧。」這是寧靜還是躁動，我會傻傻分不清楚嗎？

不知道在矜持什麼，還是太沒有藝術的細胞，我謝絕了法國畫家的邀約，那夜躺在床上沉沉入睡，卻隱約聽見亞歷山大正呼喚著我。

南西回亞歷山大過耶誕節後，便折返回開羅工作。沒想到，就在二〇一一年的第一天，南西哭喪著臉跟我說：「亞歷山大教堂被汽油炸彈客攻擊，跨年夜血肉橫飛布滿教堂的畫面已經上傳到YouTube。」

整個埃及陷入愁雲慘霧中，政府忙著滅火，一下推說伊斯蘭極端主義作祟，一下又是以色列匪諜眼紅挑撥埃及宗教和諧，趕忙在事件後為教堂四周增派警力。

一月二十五日埃及年輕人組織茉莉花革命，向政府呼籲「警察國家時代」已經過去，「人民才是國家的主人」。埃及暴動於焉展開，整夜汽油彈、直升機、瓦斯槍轟隆作響，混雜著人群的嘶吼和玻璃破碎的驚心巨響。

富蘭克林曾說：「沒有所謂好的戰爭。」

我則打定主意，天一亮就去採買糧食好過此「寒」冬。

茉莉花革命期間，埃及青年走上街頭，追求自由、正義和麵包。

道高一尺，魔高一丈，政府為了遏止民眾利用社交網路串連暴動，不惜切斷埃及內、外部衛星通訊。有位被瓦斯彈射傷耳朵的大學生，因電話線路不通，求救無門，路過我家門口，南西趕緊幫他醫治，拿衛生紙和消毒藥水幫他止血。

一月二十九日，整個開羅仍在躁動中時，南西的爸爸如英雄救美般出現了。他不顧南西的反對，花大錢包廂型車來開羅護送女兒回亞歷山大；看到我一個亞洲女性，二話不說，把我和貓咪Luna也一起押上車，南西心不甘情不願揮別開羅的家，我在一旁抱著Luna安慰她：我們很快就會回來。

茉莉花革命，警察以瓦斯槍驅趕示威民眾。

出了開羅，我才意識到自己真是有天大的福報，無數人坐不到公車、租不起計程車，在綿延筆直的馬路上徒步前進，或爭相搭便車卻被拒絕。

沿路還遇到自衛兵，恣意打開車窗要求檢查車上是否窩藏罪犯。原來政府偷偷釋放罪犯出來滋事，搞得人心惶惶，因此家家戶戶的男人每天晚上輪流值夜班保衛家園。

我就這樣戲劇性地到了亞歷山大。

當民眾在開羅解放廣場奮勇對抗國家大機器時，我和南西一家人卻在海邊冒著寒風舔著冰淇淋甜筒，還有比這更奢侈的嗎？

短短十八天，革命勝利的號角便在解放廣場吹響，我依依不捨地離開住了一個多禮拜的亞歷山大，在回開羅的火車上，懷念窩在南西家看電視轉播解放廣場上革命的場景，大家黯然流淚、祈禱的片刻；偶爾也與南西溜出去，參加亞歷山大街上的抗議遊行；捲起袖子加入社區清潔垃圾的志願活動；以及南西媽媽烹飪的一道道美味料理，撫慰了一顆顆飢餓的心靈。

從此亞歷山大變成我在埃及的第二個家。

海港遊歷

每兩個月總有一次的週末假期，我會往亞歷山大跑，儘管沒有南西的陪同，但我巴不得離開野獸的國度——開羅，擁抱蔚藍的地中海岸——亞歷山大。

南西的爸爸直呼：「雖然我的親生女兒沒有空回來，但上帝又送我一個女兒，這真是太神奇了。」看著南西爸爸嘴巴邊上的鬍鬚，笑得像耶誕老公公一樣翹起來，我獻上熱情的擁抱。南西爸爸、媽媽接著說：「歡迎你的家人和朋友來訪，因為我們都是一家人。」

從此只要外國女性友人來訪亞歷山大，我總會邀請她們到「家」裡坐坐。其中，有位名叫亞歷山大的西班牙女生說：「我到亞歷山大是為完成父親的夢想。」這就奇怪了，難不成她的爸爸是亞歷山大帝的粉絲？還把他女兒取名亞歷山大。

答案揭曉，賓果。聽她對亞歷山大帝的事蹟瞭若指掌，完全是從小在爸爸身旁耳濡目染來的。

當我們參觀亞歷山大的羅馬劇場，她感嘆「亞歷山大」是如此獨樹一幟的古老城市，歷經古希臘、羅馬帝國的統治，近代還曾被英國併吞，但仍不失它媚人的風采，只可惜戰爭、天災、人禍把歷史的痕跡都抹去了，教後人如何緬懷和記取教訓呢？

西班牙籍友人亞歷山大（右）與南西父母合影。

說來，人類似乎從未珍惜過去，為了建設和發展，可以拆掉古蹟，甚至破壞現存的自然生態。如何在過去和未來之間取得平衡，從來沒有正確答案，有人不顧性命地搶救保存，也有人利慾薰心地掏空破壞。若每個人多付出一分關心，多一分對歷史的理解，我相信凝聚的力量能扭轉未來。

與戰地記者同行

在台灣參與浩然基金會培訓課程時，主辦單位邀請戰地記者張翠容為學員講述過去她在中東、拉美戰地訪問的經驗，我便在那時認識了張翠容，但私底下並沒有機會深談。茉莉花革命發生後，她主動聯繫我，表示她將到埃及採訪，除了在開羅解放廣場觀察人民示威遊行，也預計到亞歷山大訪問革命藝術家，並參與他們舉辦的會議。

能與仰慕已久的張翠容同行，我忍不住緊張的心情，希望不要在偶像面前出糗，只要能在一旁守候，我已經心滿意足了。想起她曾冒著生命危險行過烽火大地，遊走中東現場、東歐戰場，足跡還跨越拉丁美洲，我想著想著已經眼冒金星了。

但她真的就像鄰家大姐般親切和善，不忘提醒我待人處事的態度，也與火車上的乘客聊起天來，詢問他們對於當時埃及憲法公投案支持與否，你一來我一往的互動，乘客們也不諱言地高談闊論，她在一旁靜靜聆聽，必要時做出回應。換作是我，老早打退堂鼓，不要被騷擾即可，哪有可能主動跟人攀談！

我近距離看見記者專業和敬業的精神，一個完全獨立自主、不依附媒體壟斷的主流新聞的記者，不知要靠著多少分的堅持和毅力，才可能背著包包，說走就走，跑遍世界採訪被掩蓋的事實，用心聆聽來自現場的聲音。

結束一天的採訪工作，她終於露出疲態，思考著次日要給港媒雜誌的報導，決定還是一早起床頭腦清晰再來撰寫，我則老早鑽進被窩躺平，讓神經稍微輕鬆一下。

凌晨五點鐘，我被一陣寒意凍醒，只見張翠容振筆疾書寫稿。奇怪，這時代怎麼還有人用筆寫新聞？她見我起身，問我睡飽沒？還說：七點才供應早餐，再多睡點。她轉頭繼續寫，我則翻個身繼續睡。太陽晒到屁股時，我才爬起來，她已經到餐廳用餐。我看著她的草稿，心中暗自吶喊：「成功是沒有捷徑的，千里之行始於足下！」

滿街的擦鞋匠，擦一次鞋只要台幣五元。

離開住處後，我們走了好久終於找到會議場所，登門發現只有受邀貴賓才能出席，敗興而歸之際，我們決定犒賞五臟廟一頓義大利麵。依偎著地中海岸，吹著海風，我們坐在露天咖啡廳大啖美食，一旁的擦鞋童也奮力地幫餐廳客人刷鞋。

張翠容看著腳上的運動鞋，二話不說脫下來給擦鞋童，我不解地問：「運動鞋應該不能刷吧？跟刷皮鞋是兩碼事吧？」她回答：「看他年紀這麼小，就幫忙擦鞋，我心裡百般不捨，但也不可以直接施捨，只好讓他意思擦一下。」

我閉上嘴，繼續吃麵，一邊觀察擦鞋童怎麼擦，他果然很聰明地抹上肥皂粉，刷出髒兮兮的泡沫，再用破布把運動鞋擦乾，真是太會做生意了。

張翠容一邊吃麵，一邊空出盤子，從我們的麵分一點到空盤子，遞給擦鞋童。他先是猶豫一會，就接下盤子蹲在一旁吃起來，不知是麵太乾還是口渴，吃幾口麵就擱在一旁，他繼續擦鞋。

最後張翠容給了他多一點點的擦鞋費，他卻要求更多。這尷尬畫面所留下的問號，就讓它盡付風中，且不去評斷對錯。

從張翠容身上看得出歲月鍛鍊出的智慧，也看得出正義的情操。在堅持夢想的路上，遇到過多少孤單、挫折和危險或令人沮喪的事呢？我再度向她致上崇高的敬意。

友人來訪，體驗庶民生活

大學社團好友 Gary 來埃及散心，希望我能帶領他看不一樣的埃及，他想看的不是著名的金字塔和博物館，而是貼近庶民生活的真實樣貌。能走路就不坐車，也不亂花錢買紀念品，那時正值開羅夏天，天氣熱得汗流浹背，他也默默概括承受，放下外來觀光客的姿態，體驗當地市井小民的生活。

在埃及停留的最後一站，我不作他想，帶他去亞歷山大皇家公園，這也是我的後花園——喧鬧生活中喘息的小天地。

我們在皇家公園內附設的四星級飯店，享用平價的下午茶，聊人生、談理想，才發覺多年不見的好友，已走向第二人生，從人人稱羨的電機工程師變成呵護病人的物理治療師，我們以鮮美的芒果汁「乾杯」，感受有夢最美、築夢踏實，活著真好！

大學朋友 Gary 與我挑戰潛水。

直到夕陽逐漸西下，我們準備打道回府，卻怎麼也走不出去。原以為十分熟悉的花園，頓時變成迷宮，天色漸暗，仍在野餐的家庭邀請我們一同用餐，此種場景在台灣登山時也常可感受到，溫暖的關懷，讓人與人的心更加貼近。最後我們發現出口，也同時完成環園一圈的壯舉。

當天回到住宿的旅社大樓，摸黑爬上樓梯，伸手不見五指，突然一陣火光出現，嚇得我倒退三步，原來是服務員拿著燈台說：「停電了。」

既來之，則安之，乾脆搬個凳子坐在陽台吹海風，整幅畫面相當愜意，只是對面大樓燈火通明，打亂了這派和諧。

當初這間古老的旅社被我們相中，就是房價便宜又不失優雅。充滿歷史感的空間，掛著十四世紀的世界地圖，時空彷彿定格在此，感受被踩得近乎凹陷的木板上，曾有商人名流佇足的痕跡，無奈掉漆脫落的天花板、搖搖欲墜的大吊燈，老態龍鍾的身形，像是跟我們訴說：「時光流逝，一去不復返。」

相較現代明亮、乾淨又便捷的時髦飯店，還有年輕帥氣的服務員提供流利的英語服務，老旅社實在是難以讓人下定決心入住。

這家位於亞歷山大的老旅社外貌看似破舊，卻富有歷史滄桑感。

但西方有句諺語old is gold（老就是寶），果然老旅社房間的裝飾和擺設，精細又別緻，只是舊了。老旅社的主人是一個做過氣切手術的老人，但仍用熱情、沙啞的聲音回應我們。若沒有氣切，相信從他口中，可以聽聞到亞歷山大不老的傳奇故事吧！

我與Gary離開亞歷山大的老旅社後，想起在台灣嘉義也有間老旅社——玉山旅社，往年上阿里山要搭火車，位於嘉義北門車站的玉山旅社，為旅人提供一甲子的服務，隨著阿里山公路的開通，客源漸減，經濟不景氣下，老旅社宣告倒閉。

洪雅書房房主余國信，號召北中南愛老厝的朋友們，參與修復玉山旅社的工程，二〇〇九年，中國「多背一公斤」組織的前工作人員小V與蘇銳，都曾到整修完工的玉山旅社分享汶川地震重建的故事。

老旅社儘管有了新風貌，裡頭仍保留日治時代的建築構造，如此特殊且富有教育、建築與歷史意涵的玉山旅社，也成了台灣和世界各地背包客愛去的私房旅店。

現在的玉山旅社不只承載過去歷史的記憶，更成了現代思想交流的平台，在愛老厝人士的守護下，繼續圓下一甲子的夢。

只是我們似乎是亞歷山大這家老旅社唯二的房客，不禁感嘆東西老了、舊了接著被淘汰的命運，下次再到埃及，這間老旅社是否會依然像寒風中的一盞明燈，照亮我們的旅途、豐富我們的生命呢？

遠方的「家人」

細數每段在亞歷山大的日子，總離不開吃、喝、玩、樂，埃及媽媽幫南西買衣服、鞋子、耳環總會準備兩份，其中一份給我，理由是對「女兒們」要一視同仁才行。埃及爸爸則是會多買一份Sugo（亞歷山大香腸），讓我大飽口福。

南西總會提起一段某年有位紐西蘭女寄宿生在她家的往事。南西之所以對這位紐西蘭女寄宿生「念念不忘」，是因為女寄宿生一到她家，每天抱著電視不放，後來索性也不去上課，到了用餐時間也是虛應故事，接著又繼續當電視學生。而我來到南西家時，每到用餐時間總是大快朵頤，更不時跟南西媽媽窩在廚房學料理，讓南西一家人感受我與他們真的同在，加上南西爸爸喜歡看電視，總希望我能像南西一樣，陪在他身旁一起看電視！

不知不覺中我成了這個家庭的一分子，扮演起這對爸媽的女兒、南西的姐姐、貓咪的保母等角色，還參與家族聚會。其實我並沒有特別做什麼，就是當一個傾聽者。

至於他們為何信任我，向我吐露心中的煩惱、歡笑，這要歸功於我遺傳到台灣老爸的好人緣？還是好脾氣呢？

在原生家庭，我從小看著爸爸當志工，只要接到電話就去幫忙。小時候除了對爸爸的無影無蹤感到納悶之外，還會鬧脾氣。心中的惡魔告訴我：「爸爸都對別人家的小孩比較好。」長大懂事後，才知道能被非血緣的人視為一家人，何其難能可貴，這種緣分真的要好好珍惜。

但我不像爸爸這麼幸運，老爸的「親人們」散布在台灣各個地方，我的「家人」卻在遙遠的埃及。

二〇一二年八月底當飛機駛離跑道，耳朵迴盪著登機前，從亞歷山大傳來埃及爸媽的聲音：「孩子，你要趕快再回來看我們唷！」南西早已哭得泣不成聲，我抹去臉上的淚珠，人生的考驗就是一次又一次的斷、捨、離吧！最後只能瀟灑地說：「珍重再見。」

飛機衝入雲端，亞歷山大在我的眼前漸漸模糊。

我揮一揮衣袖，不帶走一片雲彩。

由左至右是朋友小V、南西母親與我。

很多埃及朋友問我，為何要學習阿拉伯語呢？我回答：享受學習新事物的樂趣吧！

٤

這是什麼「話」

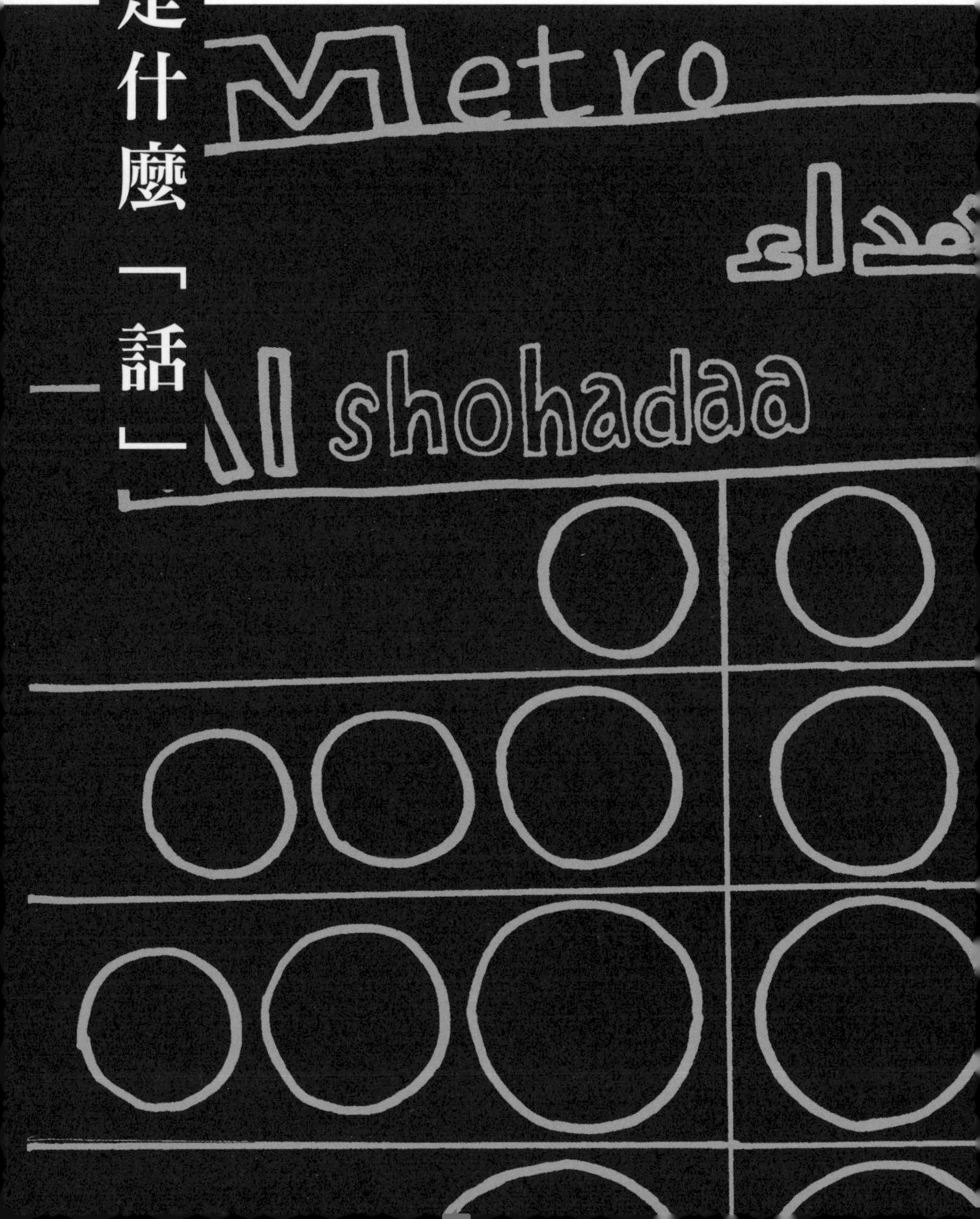

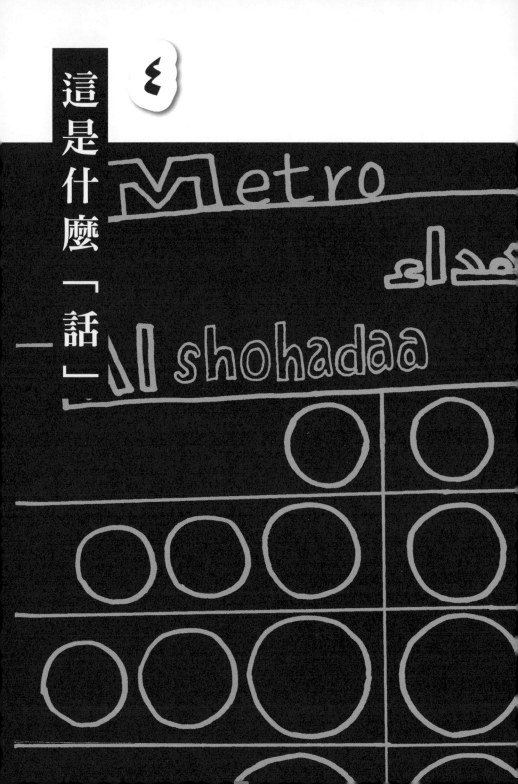

二〇一三一四，在台灣這一連串數字被解讀為「愛你一生一世」，這天剛好是南西媽媽的生日，早已回到台灣的我趕忙上臉書送祝福。南西媽媽也立即回應：「很高興收到你的祝福，但不夠有誠意，希望你能在我們的身邊，就是最棒的生日祝福。」南西也在一旁幫腔附和，寫著「وحشتيني」，喚起我那段學習阿拉伯語的日子。一連串密密麻麻像蝌蚪的文字，這是什麼「話」呀？

中文意思是「我想你」。

講話像吐痰？

來到埃及，語言有了一百八十度的轉變，主要是本地方言有不少特別的發音方式，如捲舌音、喉舌音等，有時感覺自己像是在發「吐痰音」，其實它正式的學名叫做「清擦音」。幸虧幾位埃及友人熱心的指導，下班後常相約咖啡廳，我把想學習、常需要用到的單字列舉出來，請他們幫忙翻譯成埃及方言，我也可以練習發音。

在埃及第一年我無暇上語言課，而且只要發音不標準，感覺大家總是語帶戲謔地說：「你到底在講什麼？」當下我的自尊心受創，學習埃及語的速度龜速；我迫切地想融入環境，語言是關鍵，為此備感壓力，語言反而一直原地踏步。

來埃及的第二年，某天在往辦公室的公車上，遇到一位來自中國山西的小夥子，自稱在離我辦公室不遠處的語言中心上課，邀我過去旁聽。

礙於我的埃語程度只聽得懂一點點、完全說不出口，我主動向組織調整上班時間，早上晚一小時進辦公室，下午晚一點離開，跑去語言中心報到。阿拉伯語課程學費非常經濟實惠，採分級制，每升上一級要通過考試才行，共分成古典阿拉伯語和埃及方言兩類課程。

我選擇了古典阿拉伯語，畢竟它是阿拉伯國家共通的語言，若我未來要自習，比較容易找到相關資源。它與埃及方言有差異，也有類似的部分，但古典阿拉伯語比較困難。

古典阿拉伯語正式開課後，發現班上同學來自越南、緬甸、中國，只有我一個台灣人。第一天每個人分享學習阿拉伯語的動機，新疆和緬甸的兩位大男孩說，基於伊斯蘭教信仰，學習阿拉伯語是為了閱讀《古蘭經》；山西小夥子是為了將來可以在埃及工作；山東的兩位大哥大姐和越南人則是興趣使然，利用跑業務空閒之餘來增加知識。

至於我，除了工作、生活上的需要，還有一段二〇〇七年在印尼亞齊小島擔任志工的因緣。那時我利用下課時間拜訪學生，恰巧他正在唱誦《古蘭經》，我被學生呢喃歌唱般的聲調吸引，看見書上密密麻麻的蝌蚪文，和騰空飛雲的標點符號後更驚為天人，當時曾想著：這輩子能有機會一窺它的奧妙嗎？來到了埃及，這才見識到阿拉伯語真不簡單。

我的阿語老師 Aya 是開羅愛因夏姆斯大學中文系畢業生，相當年輕，一畢業就到語言中心當老師。上課一段時日後，我發現來自中國、台灣的學生勤於背誦，只要筆試絕對難不倒我們，而來自新疆的學生，因為地緣關係和文化傳承，方言語系與阿拉伯語類似，學阿語會話一下子就上手。越南同學背單字總是背一個忘一個，老師一開始還有耐心指導，後來輪到他組句子時，全班都為他捏把冷汗，他還是笑嘻嘻地說：「忘了。」過了一個月，他剛好回越南辦事，就不再出現了。緬甸同學簡直是天才，老師當天教的單字、文法和句型，他一下子就融會貫通，考試每次都是滿分。

我每天抱著教科書死背活背，總算有一點小成績。有個組織同事不時對我說：「你要多說、少背，才學得好。」她老公也是語言老師，上課第一天就對外國學生說：今天是第一次也是最後一次聽到他說英文，接下來是全阿拉伯文的環境。

同事還會出考題給我，要我念出阿語的「亞歷山大」（الاسكندرية，Alexandria），我發對了第一、第三和第四個音，就是講不出第二音，他們會語帶安慰地說，他們小時候也是這樣走過來的，老師可是都拿棍子糾正他們的發音，因為這個字特別不好學。

某天，我請教埃及友人，如何念各式蔬菜的發音，他特地指著夏南瓜說道：夏南瓜又被暗喻為貪官之意，這要追溯到古埃及法老王時代，由於夏南瓜易受損，所以賣夏南瓜的攤販不必排隊，能優先進入市場做生意，這個典故演變至今，被用來諷刺貪官汙吏，凡事走後門圖利自己。

阿語學習真奇妙

阿拉伯語和中文一樣，每個字都蘊含至少一個以上的意義，像是穆巴拉克（مبارك），在埃及語意為祝福。穆巴拉克上台以後，於執政時期將捷運拉美伊斯站改名為穆巴拉克站，二〇一一年二月穆巴拉克下台以後，穆巴拉克站的站名再度更改為「烈士」（شهداء）。

埃及人取名字，除了選擇字的意涵外，很多人選擇先知的名字，如：穆罕默德或阿里等，在街上你大喊穆

語言中心的老師 Aya（中）與同學們。

罕默德或阿里，總有很多人回頭望。人們也總喜歡用親愛的（حبيبي）來稱呼彼此，表達自己對他人的關愛。

在開羅生活一段時日，發現埃及方言與古典阿拉伯語在字母的發音上有些不同，但基本的生活用語都相通，甚至相似。古典阿拉伯語又稱夫斯哈（فصحى），是大部分埃及人求學階段必學的科目，媒體和報章雜誌也是使用古典阿拉伯語。

我常看著路邊的指標、看板、商店或政府機構名稱，猜想是否為學過的單字，或者記下來去問語言中心的老師，三個月下來，也能辨別路標、路名還有建築物的名稱，我為此小小的竊喜，也把在解放廣場聽到的口號，或用相機記錄人民製作的告示牌、布條內容，拿來詢問身旁的友人，希望能更深入了解埃及社會。

很多埃及朋友問我：為何要學習阿拉伯語？我回答：享受學習新事物的樂趣！學習語言就是不停地說，更不要害怕被糾正錯誤，每個人都是潛在的老師。

身邊的埃及友人話匣子一開，總是欲罷不能地聊上數小時。辦公室每到休息時間，女同事們便開始聊八卦、家務事，我若在一旁聽女同事聊天，沒有意外的話，三句離不開她們的小孩，去哪裡逛街、買了名牌的便宜衣服。下了班，我則常被同事「邀請」去咖啡廳坐坐，見識了部分同事的廣大朋友圈，還伴著濃厚的香菸和水菸味道。

我還沒被熏昏前，會在一旁聽他們辯論時事或聊八卦，偶爾加入他們的陣容。他們根本是一心多用的長舌一族，邊跟朋友聊天，還能邊接電話。但枯坐兩小時後，在睡意和香菸的夾擊下，我只能趕緊找機會尿遁了！說實在，如果能有金頂電池的耐力，每天泡在咖啡座一整晚跟他們聊天，我的阿拉伯語應該會進展神速，根本不用上課吧！

最後我選擇向「小丸子」拜師，這部卡通是我室友南西的最愛，得知我在學阿拉伯語，她馬上推薦我這部「神奇」卡通。

每天入睡前，我會看一兩集配上古典阿拉伯語發音的《櫻桃小丸子》，有時也能複習學過的單字，新單字若不會就多聽幾遍，不再死背活背。某天靈機一動還把影片下載到手機，每天搭公車上下班的漫長時間，塞著耳機聽也不賴。在埃及上語言課約半年時間，小丸子成為我最佳的語言夥伴。

在開羅，我認識了幾位台灣人，他們來埃及念書、傳福音或背包旅遊，也有外國記者暫駐在當地。為了各種不同的原因，大家都在學阿拉伯語，許多人選擇一對一家教或交換語言的方式。台灣友人說：常遇到語言老師偷懶或請假，只好再換家教；外國友人的家教則較昂貴，但他們能講、能練習，成效相當不錯。

我把省下的家教費拿去文化中心聽演唱會、看電影或者展覽，雖然腦中常常浮現「這是在說什麼啊？」那種想要了解影片內容，卻又一知半解的無奈，幸好展覽館通常附有英文翻譯的註解，讓我還能一探文化的奧妙。

離開埃及前，買了一張我最愛的埃及樂團唱片。想到自己可能不會再回埃及，也可能沒有機會繼續身處在全阿語的生活環境，日後想念埃及的吵鬧、濃濃的人情味和沙啞的埃及方言，就讓音樂陪伴我吧！

回到台灣後，一位嫁給阿富汗人的台灣友人Mini和先生Tamim與我相約聊一聊埃及，儘管阿富汗與埃及有各自方言，但同屬於阿語系和伊斯蘭宗教國度，語言仍有共通之處，還是聊得很痛快。

原無宗教信仰的Mini婚後也信奉起伊斯蘭教，另一半教她向伊斯蘭教聖地麥加朝拜，每年逢穆斯林齋戒月時，更與另一半一同禁食。我問她：「異國婚姻生活適應嗎？」她回答說：「從結婚至今快四年了，經歷不少風風雨雨，雙方相互調整，在經濟、生活逐漸獨立自主的情況下，現在快變成老夫老妻了。」

這次聚餐看著他們兩小無猜地逗鬧著，我為他們感到高興。道再見時，望著他們背影，祝福這對跨國夫婦，能找到屬於兩人世界的天地，也感謝他們讓我重溫了埃及舊夢。

在東帝汶打開語言之窗

翻開過往外語學習史，我得老實招認，從小學六年級開始學英文，到大學畢業，就是不敢開口講英語，看來非得把自己丟到一個陌生的環境才行！當時歐美遊學團太貴、打工度假還不流行，直到二〇〇七年到東南亞參加國際志工，才不得不用英文與隊員溝通，展開志願服務的旅程。

「大家好，我的名字叫 Emma。」當我在東帝汶的村莊向當地人自我介紹時，大家卻聽得一頭霧水，原來「ema」在德頓語意指「人」，當地人聽到我的名字叫「人」，可能以為我是從外星球混到地球，意圖竊取他們的語言。每次認識新朋友，相同的笑話總重複上演。

在台灣學了十幾年的英語，在東帝汶的村莊派不上一點用場，看著印尼志工夥伴愉快地與當地人交談，我只能在一旁乾等，如鴨子聽雷，等待的時間真難熬。東帝汶曾被葡萄牙、印尼統治數十年，雖然當地方言以德頓語為主，但官方語言是葡萄牙語，隨著印尼偶像劇席捲整個東帝汶，年輕人朗朗唱誦的多半是印尼流行樂。

到部落學校授課，總不能連基本的語言都無法溝通吧？駐地多年已熟練當地語言的韓籍工作人員，趕緊為新志工開班上語言課，當地的社區媽媽也一同加入。有了這群婆婆媽媽助陣，一堂雞同鴨講的語言課正式開始。

從字母發音、背誦單字到拼成句子，我一逮到機會就巴著社區媽媽不放，比在學校上必修英文課還認真。

有次課程中輪到我造句，本來想搞笑說：我喜歡上廁所，結果誤把動詞「上」講成「吃」，德頓語「廁所」也有「大便」之意，全部人聽到 Emma 喜歡吃大便都笑翻了，從此茶餘飯後總不忘消遣我一番。縱使如此，社區媽媽仍對我「不離不棄」，每天早晨把我挖起來打羽毛球，邊運動邊練語言。

一個月的語言集訓班結束，我和志工朋友正式進入教學的工作崗位。某次下鄉服務時，趁著休息空檔在寄宿家庭外頭的空地打排球，在激烈的比賽中，我為了接球，一閃神身體失去了平衡，整個人仆倒在地。圍觀的人你一言我一語，當下我就學會了不少新單字。

我也養成習慣，隨時拿筆記本記錄新學的單字片語，慢慢建立起詞彙庫。大部分時間我與當地孩子們相處在一塊，常聽他們唱兒歌、玩遊戲，發現在不同的城鎮，同一首兒歌竟然有不同的意思。像是〈兩隻老虎〉，台灣版的歌詞是兩隻老虎跑得快，一隻沒有眼睛，一隻沒有尾巴，真奇怪；東帝汶歌詞的意思，則是爺爺哄孫子睡覺，或是奶奶哄孫子聽話。

每當我換到另一個城鎮服務，總延續著和孩子

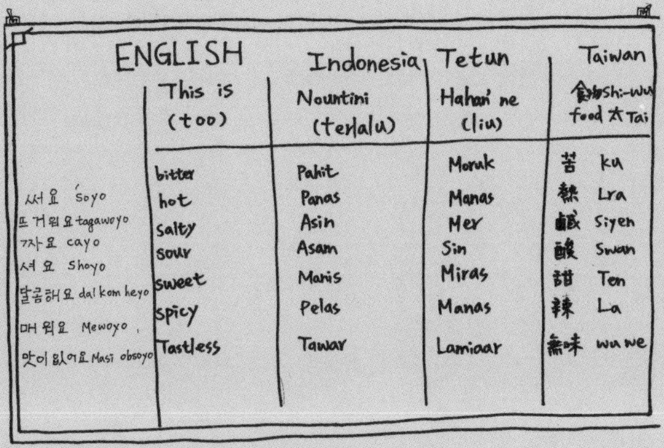

ENGLISH		Indonesia	Tetun	Taiwan
This is (too)		Nountini (terlalu)	Hahai ne (liu)	食物 shi-wu food 太 Tai
써요 soyo	bitter	Pahit	Moruk	苦 ku
뜨거워요 tagaweyo	hot	Panas	Manas	熱 Lra
짜요 cayo	salty	Asin	Mer	鹹 Siyen
셔요 shoyo	sour	Asam	Sin	酸 Swan
달콤해요 dal kom heyo	sweet	Manis	Miras	甜 Ten
매워요 Mewoyo	spicy	Pelas	Manas	辣 La
맛이 없어요 Masi obsoyo	Tastless	Tawar	Lamiaar	無味 wu we

學德頓語時，其他國家的志工也共襄盛舉，紛紛秀自己國家的語言，白板多了印尼語、韓語和中文。

歡唱兒歌的習慣，他們自然而然地向我靠攏，我唱著不同版本的兒歌與他們 PK；若是國、高中生，我則拿出印尼流行樂的小抄，與他們一同哼唱，還說哪幾首情歌的意境深深打動我。我丟開了語言書，歌曲變成我的語言踏腳石，還能與孩子們一同歡樂，狀似在唱山寨版的 KTV。

完成下鄉服務，回組織辦公室開會，是我期待已久的時刻。晚上會議結束後，便與志工夥伴們圍坐在地板上，大家一起彈吉他唱詩歌，為世界各地遭逢戰爭衝突的國家低聲祈禱，有韓文、印尼文、中文、東帝汶語和日語。此刻我聽得懂多少語言已不重要，只祈願世界能大同。

到了年底，信奉天主教的東帝汶人民會上教堂望彌撒，整個首都洋溢著濃厚的宗教氣息。志工們也放跨年假，趁著難得的假期，夥伴們決定花點時間看當時當紅的韓劇《大長今》，但整部片都是韓語字幕又是韓語發音，可苦了其他國家的志工。

大家決定請韓國志工邊看邊翻譯，遇到有人上廁所立即暫停，午晚餐時間就吃炸乾蛋泡麵，這種速食餐由印尼志工發明，作法是把泡麵壓碎、加入蛋黃後，再用湯匙壓成橢圓狀，放入油鍋炸，不消兩分鐘就完成了。炸乾蛋泡麵陪伴著我們一起走過《大長今》的日子。

某天社區居民還以為我們準備要出遠門度假了，主動要來幫我們看家，才發現三個大男人與一個小女生窩在辦公室看《大長今》。看到中後段劇情，韓國志工還沒翻譯，我已經因為太入戲哭得泣不成聲；那兩個禮拜大家裝成韓語通，每句話後頭一定加上yo字：比起剛到東帝汶時煩惱語言學不會、講不好的我，現在則學會「用」語言，而不是「學」語言。

一年後回到台灣，我在爺爺家鬧了笑話。奶奶煮好午餐，由我叫大家用餐，我脫口說出Mai ita han（德頓語，意指「大家來吃飯」）。在一旁的妹妹聽了露出狐疑的表情，我則完全不自覺。家人笑稱：「你真的已經變成東帝汶人了。」我還挺引以為傲的呢！只是台語還要好好惡補，學會外國語，母語卻說得很差，真是天大的笑話。

一路從台灣到埃及的過程，我發現不戴面紗的自己從「多數」變成「少數」，那伊斯蘭女性又如何看待我這個非伊斯蘭女性呢？

尼羅河的母親

第一次接觸伊斯蘭女性，是多年前在台北月涵堂，聆聽龍應台基金會邀請政大阿語系林長寬教授講述「你所不知道的伊斯蘭」，只記得會場上有幾位伊斯蘭女孩的面孔，以及她們說的話：「請不要誤解伊斯蘭文化，且不要在不了解的情況下投射許多你們所認為的伊斯蘭。」指的像是女性包頭巾、大多數時候穿著長袖上衣和一夫四妻等宗教傳統。

我聽了很慚愧，這才理解十六世紀甚至更早以前，阿拉伯騎兵東征西討，為了延續後代，男性能合法娶四個妻妾。但為何現在的伊斯蘭律法仍明確規定，穆斯林可以娶四個老婆呢？普遍說法是妻子不育、不治、有罪、離家或因社交需要再婚。只是除了皇室、有錢人可以做到「平等」對待每一個老婆，就經濟層面上，一般穆斯林男性根本不可能娶兩個以上的老婆。

從西方的觀點看待伊斯蘭世界，的確存在許多歧異和歧視的角度。

當電影《我的名字叫可汗》出現在美國好萊塢商業影壇裡，不啻是一場機會教育。自九一一事件發生後，在美國的伊斯蘭教徒受到更不平等的對待。片中男主角可汗的兒子，在鄰家小孩霸凌下喪生，可汗在傷痛欲絕下，踏上拜訪美國總統的路程，只為了告訴總統：「我的名字叫可汗，我不是恐怖分子。」

當我在桃園機場搭機前往埃及時，看到幾位阿拉伯人留著濃濃的大鬍子，馬上自我提示：

「不要害怕……」只是看到跟在一旁蒙著黑色全罩面紗的女士，還是有種不自在的感受；對於伊斯蘭女性要包頭巾和穿著長袖上衣、長裙或長褲，還是感到不解，當她們逛街想吃冰淇淋的時候，怎麼辦？該不會是被禁食吧？腦中浮現許多個問號，縱使她們是心甘情願如此穿戴，也還是一種束縛吧？

到了新加坡轉機，客艙內多了來自印尼和馬來西亞的女性，跟她們聊天得知埃及首都開羅有所歷史悠久的伊斯蘭大學——阿茲哈爾大學，它是亞洲穆斯林學生夢想「朝聖」的學校，為此她們遠赴埃及求學。

一路從台灣到埃及的過程，我逐漸發現不戴面紗的自己從「多數」變成「少數」，那麼伊斯蘭女性又是如何看待我這個非伊斯蘭女性呢？我也發現埃及有將近十分之一的人口是信仰科普特基督教，不全然是伊斯蘭教呢。

儘管信仰不同，但完全不妨礙我和她們成為朋友。

結識一位從印尼到阿茲哈爾的訪問講師，她大力誇獎：「埃及真是文明的國度，和善對待異國旅人。」我想這個結論背後潛藏的宗教影響力才是主因。因為印尼、馬來西亞的國教皆為伊斯蘭教，埃及人視他們為自己人，我剛到埃及時，因不諳當地日常用品價格，反倒常被小販坑一把。

媽媽的料理

埃及流傳著兩個說法：只要你結識埃及女性友人，並成為好朋友，保證你會受到無微不至的照顧；埃及最美味的食物，不是名廚餐廳或是路邊小吃，而是埃及母親的家庭料理。當我還摸不著頭緒時，已經坐在女性友人家的餐桌享用美食了。

一開始我對她們的邀請，總覺得盛情難卻，後來才意會到她們視我為家人，三不五時就會打電話來問候，我也才有機會窺探埃及母親廚房料理的祕訣。

友人 Rafaat 來自距開羅三個小時外的鄉村，媽媽是傳統的家庭婦女，爸爸過世得早，媽媽獨力扶養五個孩子。每次逢年過節或婚喪喜慶，友人總會攜家帶眷回去探望老媽媽。這次則多了一位不速之客——我。老媽媽似乎很期待我的到訪，過去村子裡曾出現幾位中國人，但都是賣雜貨、手機的商人，也只是短暫停留。

我以朋友的身分到來，老媽媽與全家族的人都很興奮。她要親自下廚烹飪 mashi，一種用高麗菜葉、茄子、夏南瓜和當地蔬菜包裹米飯的埃及傳統料理，還要用稚雞搭配作為主食。

友人的家鄉有著一望無際的玉米田、稻田和甘蔗田；終於遠離開羅這座無時無刻排放著廢

街頭小販擺攤賣製作 mashi 的機器。

氣、汙水和噪音的巨大鐵工廠，真的是心曠神怡，而最令我興奮的是，老媽媽用無敵大盤子裝了滿滿的佳餚，熱烈歡迎我，但老媽媽卻沒和我們一起用餐；在鄉村的傳統，客人為主，男性家人可以陪同，其他女性只能在廚房補給食物。我誤以為要把餐點吃完，才能表示對老母親的感謝，友人見我吃得太撐，趕忙提醒不用勉強。

事後友人才告訴我，客人通常不會吃完所有的食物，因為其他女性必須等待客人用完餐、收拾餐盤後，才吃剩下的食物——真的囧很大。

席間品嘗到的 mashi，和之前吃過的相比，果然是有媽媽的味道。這道料理所需的食材和技巧看似簡單，但要花相當多的時間製作。過去曾在街上看過神奇的 mashi 機器，只要把米和菜葉放在固定位置，一個按鍵，mashi 就捲好了，老媽媽說：「那種機器 mashi 沒有家的味道，每個都長得一模一樣，太乏味了。」

於是，我愛上了老媽媽的料理哲學。某次適逢村莊辦喜宴，我又藉機來探望老媽媽，由於友人是笛子演奏家，也打得一手好鼓，理所當然成為喜宴上的重要嘉賓與樂手。喜宴上老母親再度驚豔全場，能琅琅上口各種鄉村詩謠，更是打鼓高手，原來友人的音樂天分遺傳自媽媽。

友人 Rafaat 具音樂天分的母親擊鼓吟唱歌曲。

當天晚上，老媽媽的女兒、村莊少婦等婆婆媽媽們圍繞在她身旁，哼哼唱唱，一首接著一首，比唱卡拉OK還過癮。

誰知道，那次喜宴的相聚竟成了絕響，老媽媽不久後生病過世，當我再度回到村莊，已吃不到有媽媽味道的mashi，友人更是難過得無法工作，我也懷念著老媽媽為村莊帶來音樂飄揚的日子。

南西媽媽的料理則讓我想到一部日本電影，片中敘說一位家庭主婦生平最大的樂趣就是做便當，每天小朋友上幼稚園，她都會精心準備菜色，再搭配不同的造型。幼稚園長和老師、家長發現如此美味的佳餚後，央求她出售便當。她為了增進廚房手藝，向食堂師傅拜師卻遭到拒絕，但她仍鍥而不捨，最後才如願在食堂打工，創造出一個又一個的便當傳奇。

南西媽媽也是為了讓家人吃得安心、健康和美味，每月都會開發新菜色。我曾跟著南西媽

鄉村老媽媽準備的豐盛菜餚——mashi。

媽上街採買數次，她記得全家人的愛好，出門前還會做好筆記，計算一兩週會用到的食材，到了菜市場直奔新鮮的小黃瓜、番茄和洋蔥區，再到肉店採買香腸、牛肉。

因為南西爸爸特別愛釣魚，每次出遠門釣魚的成果，都會成為我和南西回到亞歷山大後的腹中物。南西媽媽會用炸、煎或是烤箱烤，每一種我都很愛，多半我也會站在一旁，認真記錄她用了哪些香料、素材和烹飪步驟。

埃及革命成功後，南西的父母仍舊擔心她和我在開羅的安全，媽媽便從亞歷山大來陪伴我們。每天下班我一改以往疲累的狀態，只要一想到回家有超美味的佳餚等著我，嘴角還會上揚呢！起司披薩、草莓優格、蔬菜牛肉湯、奶油泡芙、馬鈴薯烤雞、番茄義大利麵、亞歷山大香腸……自從南西媽媽來了以後，我體重直線上升。週末假日早晨，南西媽媽會炒洋蔥火腿蛋，準備各式甜、鹹起司和奶茶，到埃及後很少吃早餐的我，才又重拾美味的時光。

忙翻天的主婦生活

話說日本有深夜食堂，埃及則是週末食堂。

通常假日時間埃及家庭主婦異常忙碌，先幫先生煮好茶或咖啡，全家人簡單用過三明治或餅乾後，午餐及晚餐不是烤雞、烤魚就是熬牛肉湯。

身為職業婦女的朋友Amina，每天為生活打拚，忙得不可開交，幾次到她家作客就像是打仗一樣。狹小的空間，鍋碗瓢盆堆積到快跌出洗碗槽，只能以雜亂無章來形容。大家席地而坐用餐，都快擠爆客廳。

來自上埃及的她曾歷經艱辛，過去十年每天搭車往返開羅打零工，為了養家餬口，她送過牛奶，還從事過諸如洗碗工、記者、社工員等工作。

第一任丈夫在她懷孕初期棄她而去，第二任丈夫對她施暴。她帶著兩個男孩，咬牙走過人生低潮，現在的她有伴侶Rafaat，兩人雖未結婚，但男方很照顧孩子，全家人住在同一屋簷下，也算幸福。

身為組織幹部的她，舉手投足間散發自信風采，然而這一切真的是用命換來的。每日她忙完工作、社交活動，回到家通常已超過晚間九點，這時才能開始做飯，並催促孩子到市場買菜。烹調期間，工作、友人電話鈴聲震天響，她經常邊煮飯、邊回電話，忙到凌晨三點，才在孩子們講述學校生活趣事聲中，帶著沉重的眼皮爬上床。

她曾跟我說：「感謝阿拉，使我有個溫暖的家。」

宗教支撐她走過婚姻、工作和緊湊的生活，這也應該是很多伊斯蘭女性的心聲，雖然她們已然獨當一面，但是在工作和生活上，埃及的女性仍是弱勢的，長官永遠是男性當家，社會普遍受到大男人主義的荼毒。她曾小聲訴苦，上衣長度必須蓋過臀部，不然她的伴侶會擔心，表面上看似關心，但其實就是一種限制。

層出不窮的性騷擾

「就算一個人，也要好好旅行！」

上班後的第二個月遇上連續假期，我計畫進行生平第一次的金字塔之旅，企圖遠離都市人群的紛擾，卻在公車上遇到某著名飯店的警衛大叔，不斷向我介紹金字塔多麼雄偉和壯觀。突然他小聲地跟我說，他知道透過哪個生意人可以走後門，不必塞錢給警察。

Amina 和 Rafaat、兩個兒子有著緊密的家庭關係，她是孩子的嚴母，也是大玩伴。

「若有他的協助，應該可以順利進入金字塔吧？」我完全忘了之前遇上掮客的悲劇。

進到生意人的店面，發覺警衛大叔跟他交頭接耳，拿了錢就準備離開，還笑嘻嘻跟我說：「離開金字塔前記得到他家坐坐。」

生意人秀出遊覽金字塔的觀光地圖，我一聽比單獨入內參觀貴了五倍，舉雙手投降表明只帶了參觀金字塔的門票費用，他掏出口袋白花花的鈔票，表示他不缺我這點錢，邊指使小弟去準備茶水，邊跟我套交情。

我騎虎難下，只好答應事後由小弟跟我回家拿錢。

坐上駱駝擺脫生意人後，卻無端多了一個導遊，他滿嘴甜言蜜語——台灣人最棒了、台灣人很漂亮，還說要幫我在重要景點拍照。我推說不必了，他堅持要幫忙，表明絕對不收錢。繞了金字塔一圈，導遊問：「滿不滿意、開不開心？給點小費作獎勵吧！」我差點沒鬱悶死，他堅持我送任何「禮物」都行，以示心意。

當下只好把台幣兩百塊的耳機扒下來給他，他才肯讓我下駱駝，口中還頗有微詞：「怎麼會有人來看金字塔，不帶信用卡？」一帶我回到生意人的店前，導遊快閃離開。

去參觀金字塔時為了省小錢，反倒掉進生意人的陷阱花了大錢。

我嘆了口氣，既來之則安之。只好繼續聽生意人高談闊論，得知他如何離開綠洲，一個人隻身到金字塔建立起駱駝事業，語畢還不忘邀請我，下週再來出席穆斯林的宰牲節。

當天我真的依約出現在生意人的店門前時，引起他全家人的轟動。

當時我不知道在生意人眼中，我簡直是自己送上門的羔羊。

生意人露出微笑，一面招待我熱茶，一面說他很欣賞我，我還是沒聽出弦外之音。他引領我到樓上用餐，女主人熱情地遞給我羊骨頭，我赫然發現那位導遊是生意人的哥哥，而接待我的女主人是導遊的太太。我也發現，原來生意人向觀光客收取巨額的費用，背後還要養好幾十口的大家庭，也不全然賺取暴利，完全是因「人」而異，當地人騎馬、騎駱駝的價錢相當合理，還可以殺價呢！

「你若能跟我合作，幫我拉亞洲客戶，我們兩個簡直是天作之合！」生意人繼續說。我沒意會到其實他對我「有意思」。茶餘飯後，生意人提議去金字塔看沙漠的夕陽，還說包準我會流連忘返，他猜中我的心思——貪圖美景。金字塔在官方時間四點關閉，我們偏偏在此時前進到無人管轄地帶，生意人一邊騎馬，一邊拉著我的馬往沙漠狂奔。

這時候，我才驚覺不妙，但為時已晚。下馬後生意人箭步朝我走來，作勢要吻我，我急中生智喊著：「我們是一家人，你是我的哥哥，不可以對我毛手毛腳！」

因為我看到生意人額頭上黝黑的印記，想到幾位虔誠的穆斯林朋友額頭上，都有相似的印記，那是每天虔誠敬拜五次日久留下的痕跡，《古蘭經》裡頭申明不可姦淫，否則死後會上不了天堂。

他面露猶豫，但還是熊抱了我一下才肯作罷，不多久，又帶著我的馬快步跑向另一個定點，竟又想故技重施，我再次堅定地告訴他：「哥哥，我累了，讓我回家吧！」

歷劫歸來一整個月，我都深怕生意人會找上門，因為他家小弟知道我住在哪兒，那段期間每當有人按門鈴，都令我直冒冷汗。

這場金字塔驚魂記，我感覺自己像身處在大草原的羚羊，隨時心驚膽跳，害怕被肉食動物盯上，果然獅子來了以後，老虎、豹、豺狼緊隨在後。

儘管被騷擾後仍心有餘悸，我還是秉持著「少根筋

導遊為了賺小費幫忙拍的照。

也可以勇闖埃及」的精神，繼續上路，隻身前往亞斯文旅行。在火車站的咖啡廳候車時，一位陌生大叔點了杯飲料，坐到我旁邊來，開始說他曾經有很多外國女友，不過結婚生子後，他全心全意照顧兒子，還在幫兒子找家教，因為跟我聊得投緣，希望我能擔任他兒子的私人家教。講完他開始握著我的手不肯放，暗示他身體還很強壯，前任女友們都很「滿意」，強迫我留下他的電話號碼，回開羅時跟他聯絡。我強作微笑示意，接著頭也不回跳上火車。

到了亞斯文火車站，本想搭大眾小巴前往亞斯文大壩，民眾搖頭說沒有車子，勸我搭計程車，硬著頭皮步行了一個小時，只看到一輛輛的遊覽車與我擦身而過。最終我只好認輸詢問路旁的商家，一位男子「好心」幫我攔計程車，卻藉此跟我勾肩搭背、索取電話。在四周無人的情況下，我自認倒楣，使完臉色走人。

還有一次盛夏的傍晚，天氣仍十分炎熱，坐在公車上的我用手揮掉臉上的汗水，一旁的胖男子遞給我紙巾，我不禁暗自讚嘆「埃及還是有好人……」男子開始跟我話家常、要電話，我表明不方便，他竟然伸出鹹豬手直接放在我的大腿上，我移動坐姿趕緊打電話求救。當我準備下車時，他又順勢摸我屁股一把，我忍住淚水衝回家。

往後面對陌生人，我只禮貌性地微笑，若對方態度和善，純粹是交朋友，便會讓對方留下電話，若對方不斷打電話騷擾，我直接再見不聯絡。

難道外國人就活該被欺負嗎？

直到參觀位於科普特開羅的 Darb1718 文化中心關於性騷擾主題的系列畫作、裝置藝術和影片，發現其實當地女性才是最大的受害者，每天活在狼爪底下。

電視牆播放一段埃及女性的獨白，讓我不禁潸然淚下：

確認是否穿寬鬆的上衣、戴上書呆子眼鏡、頭紗徹底遮蓋頭髮、避免濃妝豔抹，為何要對自己如此嚴苛？一切只是防止不必要的騷擾。但，莎拉錯了，儘管她再怎麼刻意掩飾自己，還是被一群路過的青年們騷擾，她感覺有隻手在裙底亂竄，觸碰她的肌膚，這一秒鐘足以令她抑鬱終身，卻不夠時間將他繩之以法。

她歇斯底里地吼叫，甚至瘋狂地尋找凶手，圍觀民眾反倒冷嘲熱諷，讓她恨不得挖地洞躲起來。

毫無任何同情的眼神，完全沒有。

莎拉抵達工作場所，心碎，孤單沮喪，憤怒地握緊雙拳，再也無法一個人承受巨大的壓力，她決定告訴女同事們。

沒想到，女士們想起過往同樣的際遇而放聲大哭，那群自以為是的男人還語帶輕蔑批評她們：這些事從沒發生在他們的女性家人身上，問題一定是出在她們身上。

展覽的目的希望呼籲社會大眾，正視女性的權利。海報的背景，便是一幅女性伸手拒絕騷擾的畫面，上頭寫著kefaya（意指「我受夠了」），表示女性將拒絕向惡勢力低頭，學習用電視、媒體、網路、藝術等方式，為自己的權利發聲，向大眾說：

我受夠了！

Emma 的回響

我也受夠了！

身為一個穆斯林女性，到底背負多少生命不可承受之輕？一方面扮演母親、妻子和女兒的角色，另一方面也須遵循伊斯蘭教法的規範。穆斯林男性可以娶基督徒女性，但穆斯林

Darb1718 文化中心的展覽作品。

女性只能嫁給穆斯林男性。在埃及曾真實上演過穆斯林女性愛上基督徒男性，被家族人追殺致死的例子，連身旁白領階級的女性友人，愛上同是穆斯林卻分屬不同教派的男子，最後也只能選擇放棄，離開對方。

另一位穆斯林性工作者，她的另一半是一位男性基督徒，由於社會輿論的壓力，他們只能夠私底下來往。二〇一一年一月二十五日茉莉花革命當天，我竟看到這位穆斯林性工作者和她的另一半手牽著手一同參加抗議遊行，那一幕真的很動人，但我也為他們捏了一把冷汗。

而身為一個非穆斯林女性的我，面對埃及社會的大染缸，又隱忍了多少說不出口的祕密呢？

性工作者的哀歌

二〇一一年一月埃及革命後，埃及女性團體領袖寄望埃及新政權帶來轉機，女性決定要為自己發聲。

「你想要一個穿著迷你裙的領導者嗎？」有男性語帶嘲諷說著。

二〇一一年三月八日國際婦女節，解放廣場上將近百位女性舉著布條，抗議社會漠視婦女權利，一群男性卻襲擊遊行女士，直到軍警出面干預才落荒而逃。此幕與革命期間，女性帶領著男性，唱誦口號情景大相逕庭。

因為工作的關係，我比一般人更有機會接觸社會底層從事性工作的伊斯蘭婦女，她們帶給我的震撼也更具體和強烈。

在我所服務的組織接受職業訓練的性工作者，是一群牴觸穆斯林律法的女性（《古蘭經》中嚴禁女性出賣自己的身體，稱違反者進不了天堂），犯行者會被判重刑甚至死刑。

二〇一一年三月二十一日是中東國家公定的母親節，這天我在辦公室忙著摺紙愛心，準備送給來上課的性工作者當作母親節禮物。一旁醫生們提議在紙愛心背後附上兩個保險套，希望性工作者懂得保護自己。

革命後，性行業仍是禁忌，性工作者自卑又自憐，醫生試著輔導她們，要從愛自己開始，每個人都不完美、會犯錯，渴望物質生活卻想不勞而獲，出賣身體，只會落入無止境深淵，為了幫助她們脫離性行業，組織為她們進行一系列職訓課程，我也跟在一旁協助和記錄。

在上語言課時，部分媽媽一邊餵著母奶，一邊聽老師上課，成員從十三歲到五十五歲都有，彼此不忘相互鼓勵。有位年輕媽媽拼不出女兒名字，猛搔頭、咬筆桿。老師故意激她說：「你該不會連自己女兒的名字都不知道吧？」全場哄然大笑。這位語言老師過去也是性工作者，如今成為她們的榜樣，更激勵性工作者們努力求學。

上烹飪課時，組織同仁總會斥責她們懶惰，做菜時離不開椅子。看她們來回進出廚房數次，洗碗盤、拿餐具、洗切蔬菜，那企鵝般的身材，腳力恐怕早已不堪負荷，我為她們心疼抱屈。

在心理輔導課程時，醫生問性工作者：「想像你擁有一個阿拉丁神燈，可以幫助你實現願望，那麼會是什麼呢？」

社工員首先發難，娓娓講述著她希望不用工作，享受快活人生。性工作者準備分享時，眼眶已經一陣溼熱：希望生在一個健全的家庭——大部分的性工作者，無不期許自己能有尊嚴地活下去。

經過這段時間的相處與觀察，我發覺性工作者是一群很粗勇、幹練的娘子軍，有位媽媽生完孩子不到一週，便抱著小嬰孩爬六層樓梯到我們組織學美髮；另一

在組織裡上烹飪課的婦女。

位媽媽邊餵母乳邊回答語言老師的問題；還有趁著健身老師還未到，便已在跑步機上自我訓練多時的媽媽；烹飪課時，剝洋蔥的媽媽們不停流淚，來回搬運鍋碗瓢盆、洗蔬果、清菜渣……事實上，她們如同大多數的埃及婦女般堅忍，但卻被冠上永遠的汙名——妓女。

儘管我們組織是推廣與防範愛滋病的先鋒，卻得不到政府和市民大眾的認同，只能在檯面下暗暗協助性工作者，並以協助貧困婦女職業技能的名義，為性工作者開班授課，但千萬不能被「外人」發現組織直接「接觸」第一線的性工作者，因為性工作者一經舉報，只有吃牢飯的份，知情不報的話，恐怕吃不完兜著走。

沒多久，天外真的飛來橫禍。

「這棟大樓有人強迫我做妓女。」一位來組織諮詢的女士，在社工員講解防範愛滋病、示範保險套時，突然情緒失控，衝到大街上狂喊。

頓時，整個辦公室陷入愁雲慘霧，門口守衛連同警察站在組織大門開始盤查。辦公室主任、律師、督導翻箱倒櫃，提交組織立案證明與合法工作項目，深怕被政府勒令停照休業；當時正在組織上課的性工作者們，人人一臉慘白，深怕遭警察查出底細，將她們抓進監獄。

一位女性運動者曾樂觀表示，埃及在茉莉花革命後處於轉型期，每個人都急於爭取權利，大部分民眾更希冀民主、正義的未來。但事實上是，許多重要議題如貪汙、酷刑、貧窮、失業和變質的教育，迫切等待注入活水；女性想擺脫社會無處不在的性別歧視與性騷擾的訴求，只能敬陪末座。深知女性長期遭受性別歧視之辱的她因此認為，「慢慢來，比較快」，當社會制度發展越健全，越能鞏固與尊重女權。

我周邊的埃及女性們，越是年輕的知識分子，越是與男性平起平坐。埃及革命後她們更全力投入政治改革和關心公共事務，宗教已不再是約束或控制的禁令，齋戒月期間，她們奉行禁食，時間允許下則參加祈禱。

這群埃及新女性，在未來十年、二十年預計能成為社會重要的推手，如同其他選擇戴頭巾或整年穿著長袖上衣、長褲的女性一樣，這是她們各自對信仰的奉獻和抉擇，但並不影響她們對革命和理想的追求，希冀未來她們能為埃及女性爭取更多的權利，甚至能影響大眾、尊重社會上弱勢的女性。也盼望有朝一日，能終止性工作者的哀歌。

從我開羅辦公室六樓的窗口向外望，整個解放廣場便映入眼簾。當茉莉花革命的號角吹起，這兒也成為我近距離觀察革命情勢的最佳觀景窗。

٦ 解放廣場三部曲

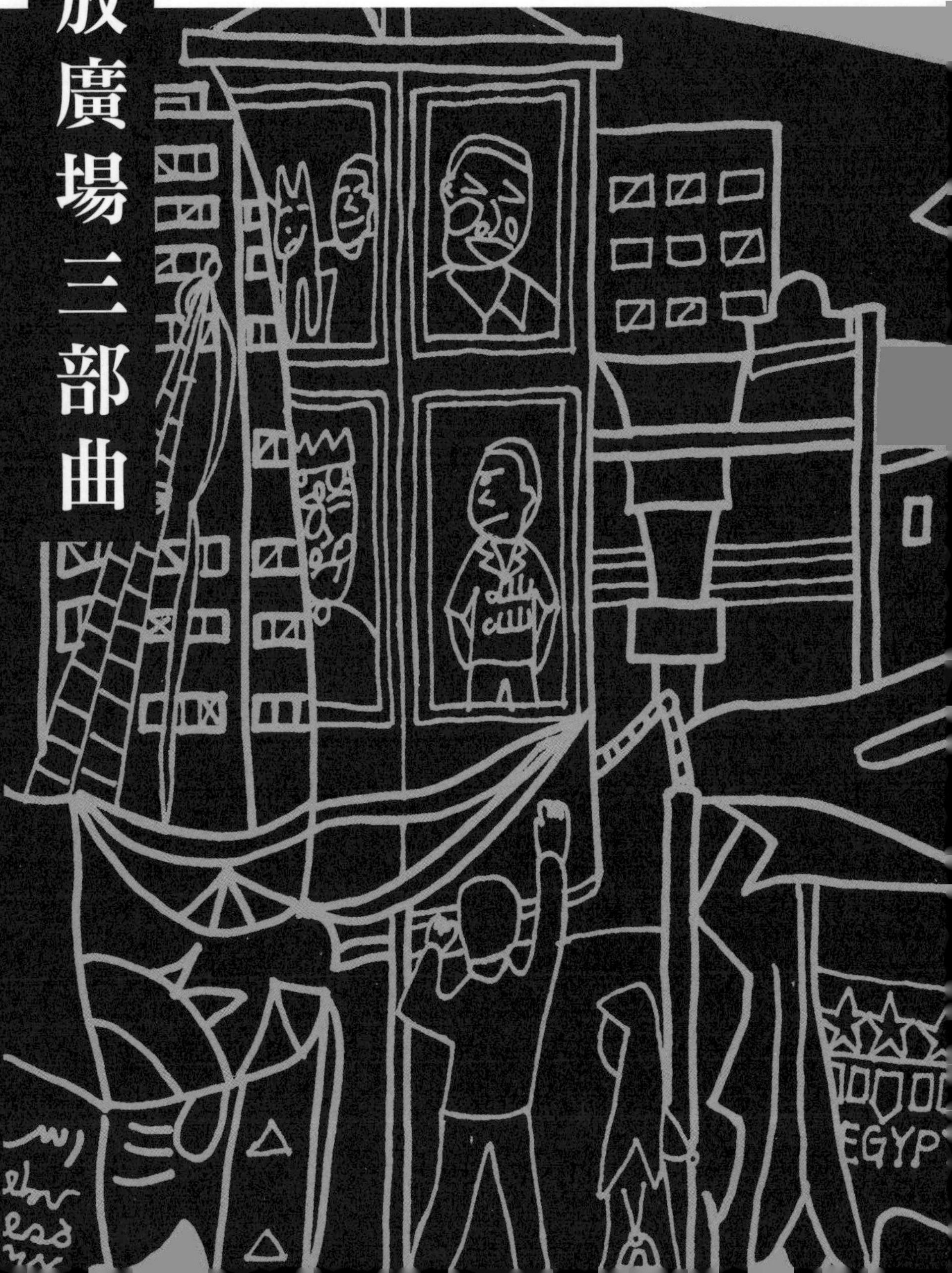

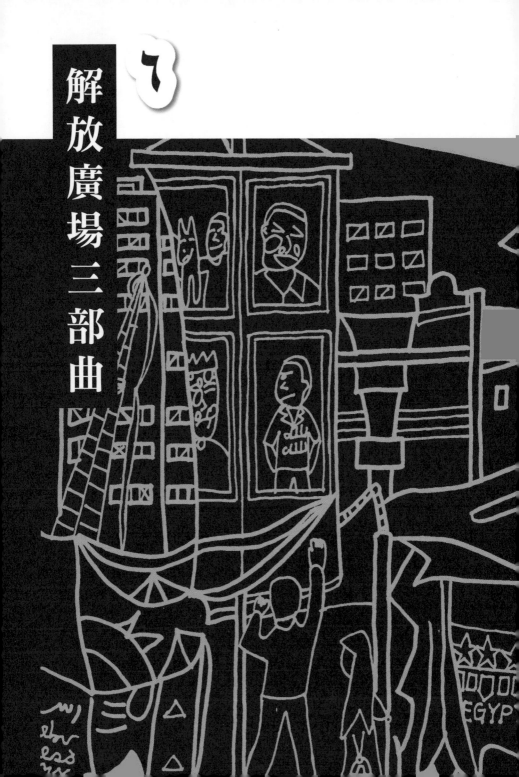

每座大城市都有屬於自己的廣場。

紐約有時報廣場，百老匯和路透社各稱霸一方，絢麗的廣告招牌吸引全球的目光，堪稱是資本主義的「佳作」。巴黎有協和廣場，過去在恐怖統治時期曾設有斷頭台，直到十九世紀，廣場中央才擺放著由埃及政府從路克索運來贈送給法國政府的方尖碑。北京有天安門廣場，一九八九年發生震驚全世界的天安門事件，中國政府宣布戒嚴，並派軍隊前往廣場武力鎮壓，隨著示威民眾死傷和流亡海外，事件才落幕。

開羅也有個解放廣場，二〇一一年爆發茉莉花革命，成為眾所矚目的鎂光燈焦點，當時難以計數的人群聚在廣場虔誠祈禱、膜拜的畫面，深深震懾人心。

解放廣場的前世今生

一九五二年七月二十三日，埃及的政局動盪不安、軍事政變不斷、經濟狀況惡化。為反對英國的佔領和法魯克王朝的貪汙腐敗，由納賽爾（後為埃及共和國第二任總統）領導的自由軍官組織推翻了法魯克王朝。

為了紀念埃及的政治制度從君主立憲轉為共和制，開羅市中心的伊斯梅爾廣場從此改名為解放廣場。

解放廣場西邊是著名的重要幹道 Talaat Harb 街道，一尊 Talaat Harb（經濟學家、埃及銀行的創始者）雕像矗立在圓環正中央，四周圍環繞著咖啡館、精品店和服飾店。

北邊的 Qasr al-Ayni 街道是開羅最老的街道之一，緊連著埃及議會、埃及地理社會研究中心等政府或民間機構。

南邊由 Qasr al-Nil 街道連接到兩端矗立著雄偉獅子的 Qasr al-Nil 橋，可由此穿越尼羅河到扎馬雷克。

解放廣場的核心地帶非 Mogamma 政府行政大樓莫屬。那裡的公務員一手包辦駕照、簽證等各式各樣文件資料，當地人笑稱裡頭養了成千上萬無所事事的公務員。

一九九二年一部名為《恐怖主義與羊肉串》的埃及喜劇片中，主角 Ahmed 到 Mogamma 幫兒子辦理轉學手續，但大半時

解放廣場後方大樓即為 Mogamma。

間都耗在螺旋梯上無止境的等待。片中，一個承辦官員惹惱了Ahmed，他假裝在行穆斯林的拜功，推託手邊的工作。

兩人發生衝突扭打成一團，混亂當中Ahmed不小心拿到警衛的手槍，最後竟被官員解讀為恐怖分子闖入Mogamma挾持人質，要脅政府拿羊肉串換人質，因為肉品對大部分埃及人來說相當昂貴。

雖然是一齣二十年前的鬧劇，但至今仍可反映埃及行政系統的腐敗與停滯不前。

「誰沒事會去Mogamma受氣……去那裡辦事，除非上天眷顧你，否則回來包準一肚子氣……習慣就好，沒有賄賂、沒走後門通常辦不了事……」埃及朋友們大吐苦水，當時的我面臨簽證到期，為了避免成為非法勞工，只好跟人群擠在螺旋梯上，動彈不得。

好不容易排到A窗口，包著頭巾、濃妝豔抹還邊喝茶的阿姨一看「台灣」護照，她不知道歸屬在哪裡，便把我趕去D窗口，再換到F窗口，接著跑上跑下影印證件，旁人還一直插隊。

裡頭除了埃及人，還有一群金髮碧眼的歐美人士，不少人身旁站著埃及嚮導幫忙打理和翻譯，也有不少亞洲人，特別是印尼人、馬來人。

最可憐的是來自非洲，像蘇丹、衣索比亞等國家的黑人，他們的處境完全隨承辦人員心情而定，要不一句驅逐出境、關我屁事，或者下禮拜再來。

與其咒罵這些公務員，還是期許自己：不要隨著年紀的增長，變成如此面目可憎吧！

踏出 Mogamma，頓時覺得海闊天空，呼吸大把新鮮口氣，我打定主意到解放廣場北邊 Qasr al-Ayni 街道上的美國開羅大學舊址附設的書店逛逛。

步入安靜、優雅還有帥氣服務員的書店內，圖坦卡門的頭像對著我微笑。我一下子就淹沒在埃及考古學、古埃及文明、金字塔傳奇書籍的書海中，再探頭走進現代文學作家世界，諾貝爾文學獎得主納吉布．馬哈福茲的代表作——《開羅三部曲》，也在對我招手。

為了了解解放廣場的前世今生，我又一頭鑽入書本的舊照片，才得知這個廣場中央原本是個偌大的噴水池，道路圓環旁邊盡是綠地，因十九世紀的統治者伊斯梅爾．帕夏而命名為伊斯梅爾廣場。

伊斯梅爾．帕夏曾說：「我的國家不會在非洲長存，因為我們已經是歐洲的一部分，我們必須放棄以前的做法，採納適應社會狀況的新制度。」

儘管伊斯梅爾廣場接二連三的翻新，統治者也在開羅市中心建立一座座效仿歐洲的宮廷建築，但實際上埃及仍受到殖民國——英國的控制。因為自一八八二年起，埃及被英國軍隊佔領，一九一四年埃及更成為英國的保護國，直到一九二二年英國才被迫承認埃及獨立，但仍保留對埃及國防、外交、少數民族等問題的發言權。一九五二年納賽爾推翻法魯克王朝，象徵英國殖民勢力的最後一股勢力，才被連根拔起。

以前的伊斯梅爾廣場、現在的解放廣場，曾見證了過去殖民歷史的興衰，二〇一一年埃及茉莉花革命，眾多人民在解放廣場齊聲訴求，許埃及一個「公平、正義、麵包」的未來，為解放廣場寫下歷史新頁。

親眼目睹廣場上的革命

二〇一一年一月二十五日，民眾「佔領」了解放廣場。

我帶著一張毛毯和一個信念，把解放廣場當成自己的「家」。

記者打開筆電蹲坐在地上，向報社傳遞廣場最新消息；醫學院師生、藥劑師忙著在廣場巡視受傷病患，血淋淋的衛生紙巾散落一地。

婆婆媽媽們在廣場到處發放熱食，給留守在廣場檢查哨的衛兵志工，感謝他們保衛廣場安全，發揮每個人都可以貢獻的能力來回饋國家。

還有一群「馬蓋先」，爬上廣場的電塔，用一把瑞士刀、幾根電線來「分送」電力給廣場上的男女老幼，廣場某角落也成了充電驛站，對著數十支手機、充電器頻頻發送熱波。

老天，這真的是太神奇了！

解放廣場周邊的速食店——肯德基，數面偌大的玻璃窗搖身變成畫布，藝術家、學生、一般大眾開始揮灑色彩，沒錯，這次的畫風——印象寫實派，把醜陋的政客畫得栩栩如生，人民還製作一系列惡搞的圖片，暗諷狐群狗黨的政客們貪汙無能、敗壞社會風俗，用來消遣也用來自娛娛人。

誰說革命場上就沒有生活樂趣可言?!

我眼前的解放廣場宛如舉行著一場盛大的嘉年華會，青年朋友圍坐地上，討論如何身體力行參與公共事務。一群群的中、壯年男士們，站在解放廣場上爭辯得面紅

藝術家在肯德基店門前，以玻璃為畫布，表達革命之聲。

耳赤。包著頭巾的女孩與媽媽們，跟在爸爸或丈夫身邊，對於國家正面臨重大的轉變，交頭接耳地討論著。

喀嚓聲此起彼落，不分男女老少拿著手機，充當起公民記者，將廣場的動態向世界瘋狂播放，也接收來自網路傳媒上轉載的、引起全民公憤的政府「不能說的祕密」。

各種口號、手繪標語、革命道具、行動藝術和塗鴉紛紛出籠，「仰起頭，以身為埃及人為榮」、「我要活下去」、「如果穆巴拉克是法老，我們人民就是摩西」。每個人都在用「生命」呼喊自由，情緒亢奮起來。

突然一陣火光和聲響劃破無眠的黑空。

原來是音樂家與愛好音樂、舞蹈的人們，繞著營火、舉著火炬，用歌聲來向霸權嗆聲——我們的夢想，就是我們的武器，讓我們團結起來，發出「自由之聲」。

二○一一年二月十一日，歷經十八天的茉莉花革命，數十萬人在解放廣場屏息以待，當副總統蘇里曼宣布總統穆巴拉克已下台一鞠躬時，無數的埃及國旗在空中飄揚，歡呼聲、哭泣聲和哽咽聲，像是一條線，將解放廣場上人們的心，緊緊地綁在一塊兒。

茉莉花革命後的解放廣場，「解放」了思想，也解放了「廣場」。

新總統大選後，廣場北邊成了以穆斯林兄弟會為首，相信真主阿拉會指引明燈的伊斯蘭保守派大本營，廣場南邊則是社會民主派集結起來的政治改革陣營，兩方較量火藥味濃厚，出謀畫策來箝制對方，像是在對弈埃及人熱衷的西洋棋。

黑色一方以新任埃及總統穆西為首的「國王」，坐擁象徵「城堡」的議會，旗下的「主教」即國會議員，用軍隊作為「騎士」，士兵則是天真的老百姓和被收買的小嘍囉。

白色一方是抗議政府的雜牌軍，每個帶頭的人都是「國王」，巴不得將議會裡的保守伊斯蘭教徒一一踢出「城堡」，一個個抱持烏托邦社會理想的年輕「騎士」想將敵方趕盡殺絕，最後剩下一群不上不下的中產階級「士兵」。

該棄械投降、按兵不動？還是寧為玉碎、不為瓦全？雙方步步為營，唯恐一失足成千古恨，當穆西總統宣布權力一把抓時，連天真的老百姓都意識到，走了一個法老，又來一個新法老。總統才趕緊退守「城堡」，

埃及政客們彼此間操控利用，埃及的明天會更好？

強調過渡時期，共體時艱，底下的「主教」被要求釋出善意，與「敵方」進行政治協商。雜牌軍各有不同的訴求，像總統一樣暗地打著如意算盤。

二〇一三年，茉莉花革命滿兩周年，這場棋分出勝負了嗎？抑或不過也只是場「遊戲」？觀者們可別太認真了。

革命夜的V怪客

革命戰火劃破了黑夜，社運分子在開羅街上播放電影《V怪客》（V for Vendetta），民眾在銀幕前盯著永遠戴笑臉面具的主角V。V認清不管是執政黨或在野黨的政客，無不處心積慮煽動民粹主義、國族主義或恐怖主義，來達成政治利益。每一個「事件」的發生，背後都可能有極大的陰謀或目的。

V就是被陰謀設計後唯一僥倖逃脫出來的試驗品，他開始揭發政權的暴行、譴

茉莉花革命後，不少埃及人打扮成 V 怪客上街遊行。

責惡勢力，告知民眾一年後的十一月五日，一起在議會大廈反抗獨裁統治，並暗示那天會炸毀議會大廈。

為了加劇混亂，V有計畫地將自己的標準裝束，包括面具、黑色禮帽和斗篷，寄給許多家庭、機構。在國家電視台工作的女主角艾薇，因違反宵禁差點被祕密警察強暴之際，V出手解救了她。經歷一連串的風波，艾薇被V「設計」關入監獄，還被剃光了頭、嚴刑拷打，這一切都是V要讓艾薇選擇，為了正義她是否能義無反顧。

最後V臨死之前，將炸毀議會大廈的決定交給艾薇，因為V認為應該由已被喚醒與解放的大眾來做最後決定。當艾薇點燃裝滿炸彈的火車，準備炸掉議會時，警察頭目出現了，但他並沒有阻止艾薇，因為他透過調查知道了政權背後的所有陰謀。

他問艾薇：V到底是誰？艾薇說：V就是我們每一個人。

解放廣場出現了無數戴著V面具的人，無論面對的是執政黨、在野黨或任何政治團體，他們絕不放棄自身的權利，一起在解放廣場捍衛正義，證明人民才是國家的主人。

解放廣場，屬於每一個人。

我的「解放」廣場

我是在解放廣場邂逅穆罕默德的。

剛開始我刻意與穆罕默德保持距離，只因想起曾在解放廣場被搭訕的各式經驗，便滿臉悻悻然。

例如，某天遇上一位在開羅餐廳工作的大廚，聊不到五句就直白地問：「你願意當我的女朋友嗎？」這根本是不經大腦思考講出來的話，真是太沒有誠意了。

另一次是一位技巧高明的大學生，見我在國旗攤販前猶豫不決，馬上出面說：「你是外國人，商販可能會亂出價，把你唬得一愣一愣的，就讓我買來送你吧。」在我堅持拒絕禮物下，他也就算了，但接著話鋒一轉：「你是中國人吧？我剛好在找交換語言的朋友，你方便嗎？」他的重點是要我的電話號碼，我說謊的功力實在太差，還是被問到了，此後只能拒接陌生電話。

二〇一一年四月十日那天，下班後我又去解放廣場遛達，當時一輛軍用貨車被民眾縱火燒毀，棄置在解放廣場，我好奇地想知道事情的來龍去脈，可惜現場民眾大量的阿拉伯語裡只夾雜著一丁點英語對白，讓我完全狀況外。此時，穿著筆挺西裝、文質彬彬的穆罕默德現身了。

他問我：「需要幫忙嗎？」

我咬牙點頭：「請為我說明一下現在是什麼狀況，他們在辯論什麼？」

在聽的過程中，覺得這個男人應該不是個壞東西吧？臨別之際，雙方互留了臉書帳號和電話號碼，回家以後我立馬就忘了。

沒多久接到一則則關懷簡訊，大意是解放廣場是非多、人蛇混雜，提醒我千萬要注意安全。他是誰啊？我心裡嘀咕：「你走你的陽關道，我過我的獨木橋。」

後來，一則邀我去中國餐廳吃飯的簡訊，終於讓我「上鉤」，因為太想念香噴噴的白米飯和宮保雞丁，我所知道在開羅的北京餐廳，打著中國菜名號卻大半是埃及口味。

赴約當天，我穿著牛仔褲、T恤和運動鞋出現在他的面前。穆罕默德倒是人模人樣，穿著襯衫、西裝褲和亮晶晶的皮鞋。

我們相視一笑，活到二十五歲被男人單獨約吃飯的次數，十隻手指頭還真的數得出來。

用餐時間我狼吞虎嚥地品嘗宮保雞丁，再偷瞧瞧眼前這個穆罕默德，他到底有什麼目的呢？這麼高調請我吃飯，還大費周章帶我到正港的中國餐廳？最後我歸納出結論，他跟大部分

我與穆罕默德。

埃及人一樣，就是喜歡交朋友。

我鬆了口氣，還外帶了碗酸辣湯，心滿意足地結束這場餐會。

再沒多久，他又約我去尼羅河搭當地人的觀光遊船。他彷彿知道我的偏好——凡事盡量入境隨俗，情願捨棄搭外國人的觀光遊艇，寧可與當地人擠在一起，共享尼羅河夜景。

在命運的安排下，我們遇到了一對新婚夫妻，穆罕默德說：「你若去跟新娘說聲恭喜以及合照，這對新人會非常高興唷！」我真的跑去湊熱鬧，也漸漸覺得穆罕默德好像很不錯耶。

在尼羅河畔遇見新婚夫妻。

沒多久，我們在一起了。

穆罕默德長得挺帥的，在和他正式交往之前，我以為自己不重視男性的長相，比較在意的是他們的內涵，和他在一起後，我承認自己是「外貌協會」的一員。

無數個週末假日，我們不是在解放廣場，就是在去解放廣場的路上。

某日我們一如往常在解放廣場探頭探腦，看著示威民眾貼出的告示，關心正在倡議的議題。

突然間，有民眾大喊：「軍隊來了。」

數百人心生恐慌，突然朝我們的方向衝來，穆罕默德當下二話不說，把我抱到廣場欄杆的外圍，再用身體為我擋住人群，過了幾分鐘，才證實是虛驚一場。

我腦袋完全來不及反應，事後回想，災難不也都是這樣從天而降，無端就發生了悲劇？我感謝穆罕默德見義勇為，也對自己疑神疑鬼——他為什麼還沒露出馬腳——的心態感到慚愧。

有次在解放廣場遇到賣紙巾的小孩，他知道我喜歡孩子，便掏錢買了一包，再遞給我，也不忘提醒我，廣場周邊的角落有很多流浪兒童，用賣紙巾或跟路人乞討來的零錢買強力膠，千萬不要讓善意成了幫凶。

他跟我分享，如果有一筆錢可以來幫助窮人，他會用來支助他們開雜貨店或食

媽媽來埃及探訪，我請穆罕默德當伴遊一同到金字塔巡禮。

品流動攤販。因為扶持一個正當的小販生意，比起把錢給被人蛇集團控制的孩子，發揮的效益來得更大、更可能改變貧窮造成的社會問題。

我只是一個埃及的過客，很多時候只能看到問題的表面，對於長期處於貧富落差世界的穆罕默德來說，看得可能比我更深也更遠。

曾經我們也鬧得不可開交，在解放廣場上演分手擂台。鬧著少女青春期脾氣的我提出過無數次的分手，內心不斷有一個聲音——害怕受傷、被欺騙。

向來自以為很理智的我，竟然在愛情面前變得如此不可理喻，身邊的朋友也不敢相信，我簡直是判若兩人，費盡心思猜對方的意圖，常常自己空穴來風，搞得自己緊張兮兮。

或許在異地文化、宗教、環境的多重壓力下，交了男朋友，讓我壓抑已久的憤怒與情緒，有了宣洩的出口吧！只是苦了穆罕默德，經常無端成為我的情緒犧牲品。

回憶這段過往，我心存感謝與感激，因為他讓我看見愛情純真和青澀的一面，也填補了我青春少女時期的空缺，讓另一個我從生命中「解放」出來。

二〇一一年春天，人們在解放廣場追求自由與真理，我則在那裡譜出愛情的詩篇。

只是，春天真的來了嗎?!

二〇一二年離開埃及後，我曾經期盼穆罕默德能來亞洲，而他則希望我回埃及。沒有了共同關注的話題和日常生活互動，我們漸漸斷了聯繫，但每年的某些時候，他總會從臉書傳來訊息問候。

離開後的這幾年，凡有朋友拜訪埃及，我還是會厚著臉皮問穆罕默德能否協助接待，他若是有空，總會第一時間挺身而出，然而我和穆罕默德之間，卻只剩下生分的謝謝和保重。

今年重返埃及，我沒有特別聯繫穆罕默德，只在臉書上昭告天下我要回埃及了。原以為他看見後自然會聯繫我，畢竟他不時會來我的臉書點讚。

實際上，直到我從開羅國際機場準備搭機離境時，才見他傳來私訊質問我：「回埃及竟然沒有告訴我！」一在那當下，我因著這樣的錯過，一方面如釋重負，但同時也為自己的逃避感到萬分愧疚。當年與穆罕默德不期而遇的解放廣場，如今整個翻修，昔

埃及解放廣場現在的模樣。

日屬於人民的解放廣場徹底消失了，原址僅矗立了一座埃及國旗紀念碑……一如我與穆罕默德共同擁有的過往，也在歲月中無痕。

新結識的埃及記者朋友哈迪爾說：「所有象徵革命的塗鴉、標誌都消失了，新的軍政府比以前的穆巴拉克政府更為嚴苛，管控人民在網絡平台、公共場合表達自由的言論，一有反對政府的聲音，馬上就會被警察逮捕，人民再也不能聚集在解放廣場，通往民主、正義的道路仍然崎嶇不平。」

走在解放廣場的路上，我被接連的沙塵暴吹得暈頭轉向，整個開羅城市沒有太大的變化，時間好像定格在七年前我初次造訪的時候，每輛車子的外觀依舊坑坑疤疤，在街上互相搶道。

埃及朋友蒂娜說：「前幾年在開羅很難再見到外國人，一方面是政局動盪不安，另一方面是埃及通貨膨脹外國人因待遇不佳紛紛離境。」但現在好多了，開羅推動了城市再生計畫，引進了慢食運動、馬拉松、文學、影視及腳踏車導覽等豐富的城市活動，蒂娜也與開羅馬拉松主

開羅馬拉松廣告。

辦方合作，提供跑者完賽後到她經營的餐廳用餐，那天我碰巧就在她餐廳遇到一個個精神氣爽的跑者。

已成局外人的我，在漫天風沙中，默默祈禱著埃及人民的春天，已悄悄到來。

我與蒂娜在她餐廳合影。

Emma「埃」呀！

二〇一一年茉莉花革命野火持續蔓延，在二〇一二年六月埃及總統大選時達到頂峰。當時的過渡政府——軍事最高領導委員會，一心想要刺探民情，再度派出前總統穆巴拉克時代的祕密警察出任務，這次竟然被我和室友南西碰上了。

當時，我已和南西從亞歷山大搭火車回到開羅，原本準備搭捷運回家，但因為行李太多，決定改搭計程車，一上車，便被計程車司機的穿著談吐嚇著，司機開始問：「你喜歡哪位總統候選人？為什麼？」司機聽了南西的意見，竟反常地不反駁或附和，只是低頭哼了一聲。我們下車時他才坦白，他是祕密警察，在調查民意，不收車錢。聽完他和南西的對話，我趕緊衝下車，心裡佩服埃及「警察國家」之稱真非浪得虛名！

「埃及人如果不先改掉陋習，革一百次命也沒有用！」一位埃及人如是說。

٧

埃及的茉莉花革命

聞名世界的阿拉伯故事《一千零一夜》，源於國王不滿後宮妃子與人私通，開始憎恨女人，發誓每晚與女人房事後，到天亮便把她處死。宰相女兒不忍女子繼續受害，自願與國王過夜，圓房後她向國王講故事，直到天亮故事尚未講完，國王只好留她性命，就這樣一千零一夜的故事誕生了。一千零一個故事中還有故事，每個主角都有自己的故事要說，每個主角也樂於傾聽別人說故事。

從二〇一一年一月埃及革命、三月支持巴勒斯坦運動、五月埃及勞工黨成立、八月前總統穆巴拉克案開庭審判、十一月國會改選、十二月總理官邸軍民衝突，到二〇一二年一月新任國會議員上任，革命過後全民瘋政治，透過平面媒體報紙、虛擬網路臉書和置身解放廣場，每個人都搶著說自己的故事，每個人也樂於傾聽別人說故事。每晚咖啡廳和廣場高朋滿座，人們通宵達旦聊天，唯一不同於革命前氛圍的是：大家交頭接耳討論的是國家大事，唯仍不改玩笑作風地諷刺軍政府和前總統穆巴拉克。市井小民、學者、政客、音樂家和藝術家，每個人都用自己的方式，接力說著屬於埃及「一千零一夜」的現在進行式。

獨裁統治，再見！

有「警察國家」之稱的埃及，從早年民眾抗爭直到二〇〇六年埃及青年組織四月六日遊行，全被政府圍剿，死傷慘重，到頭來人民只敢怒不敢言。

沒想到，穆巴拉克三十年的獨裁統治，鐵腕殲滅所有反對勢力，卻抵擋不了二十一世紀臉書、推特等網路串連。埃及年輕示威者，人人拿著黑莓機英勇應戰——國家安全局祕密監獄畫面被po上臉書，監禁政治犯、栽贓民眾的祕密文件全攤在陽光下，引起全民公憤。

一位自稱「革命駭客」的網路高手，潛入國家電視台播放系統竄改跑馬燈字幕，將民眾穿戴防毒面具防衛政府瓦斯槍攻擊的畫面，解釋為「外星人」入侵埃及。

十八天的抗議遊行，戰火激烈，整個解放廣場像被原子彈轟炸過一般的亂七八糟，廣場旁興建中的阿拉伯聯盟大樓，雖用鐵皮圍籬與外界隔絕，不料鐵皮卻被示

埃及革命期間，在解放廣場與醫學生合影。

威者拆來當盾牌，地磚被拆來當武器，欄杆則被拔來當棍棒，與手握真槍實彈的政府軍警對峙。

二〇一〇年十一月底，穆巴拉克曾經過解放廣場，前往國會慶祝國家民族黨大獲全勝；不過兩個月光景，數十萬示威民眾齊聚廣場，要求獨裁者下台。當天穆斯林叫拜樓（或稱光塔）仍傳來虔誠的祈禱聲，落日餘暉映照在孕育出埃及的尼羅河上，讓人有種恍如隔世的感覺。

二〇一一年一月二十五日茉莉花革命當天，頭上沒綁白布條，手上也沒拿雞蛋的我匆忙趕到解放廣場，見到廣場早已被鎮暴警察團團包圍，腦中浮現一段和同事的對話：「如果你去到廣場，沒有人，你就佯裝是觀光客，溜達一下後快閃。反之，你就混進人群，但是安全第一。畢竟埃及從來沒有合法的遊行、集會，天知道，這場抗議是否會成功呢？」工作組織主管面色凝重交代我。

事實上，現場只有小貓兩三隻，我心中暗自哼了一聲：「樂活的埃及人，竟然連搞革命都可以遲到！」

鎮暴警察瞄我一眼：「沒事，快滾！」

真是沒禮貌！我就是親眼目睹穆巴拉克如皇帝出巡的囂張模樣，才會特地來解放廣場幫你們埃及人「友情」站台啊！我摸摸鼻子，默默撤退到解放廣場附近的巷弄裡，準備隨機應變。

要是穆巴拉克政府已經先發制人，就沒戲唱了，民眾也莫可奈何。

音樂劇《悲慘世界》裡的人民之歌，在我耳邊響起，「人群的歌聲高騰，難道你竟充耳不聞，歌聲裡群情激憤，只為不願再沉默為奴。軍鼓的速度急遽，激盪了心跳的韻律，呼喚著新時代將至，就在明日。加入神聖的抗爭，一起來堅強的獻身，你看柵欄的彼方，世界充滿了希望，快加入對敵，爭取自己的自由權利。」

最後這段歌詞更讓我熱淚盈眶，「放下你所有一切，奮力讓這旗幟往前。就算會有人倒地，站出來不要退避，先烈的血液，才是滋潤土地的清溪。」

二〇一一年一月二十五日，我和法國畫家友人被埃及人民激昂的愛國情操所牽引，一同捲入了茉莉花革命，才跟著眾人搖旗吶喊不久，我就被南西爸爸押回亞歷山大避難。

法國友人則沒有如此幸運，他在解放廣場拍攝

茉莉花革命後幸運逃過一劫的法國畫家，我向他買了一幅畫；這幅自畫像述說他在革命期間遭遇埃及政府和人民不人道對待後的失落模樣。

革命實況，被警察逮個正著，一陣亂棒痛毆後，被蒙上雙眼帶上囚車，載往祕密監獄嚴刑拷問，懷疑他是國際間諜，因為他只攜帶護照影本。打電話求救法國大使館，半夜沒有人回應，最後他的好友冒著生命危險送來護照正本才解救了他。

法國友人被釋放後，埃及已處於宵禁狀態，幾個人被載往旅店強迫住宿，大家擠在一個小房間裡過夜，每人各被海削了一百美金才脫身。

早晨回到租屋地，當地人已經破門而入，忙著搜尋他是間諜的物證，見他現身又是一陣痛打，心頭一驚的他突然想起屋裡還有廢棄彈頭，原是取它內部的粉末來作畫，幸虧沒被鄰人發現，否則他可能無法活著離開。

穆巴拉克下台那一天，我接到他的「祝賀」電話──我們都活下來了！並邀請我去參觀他的革命畫作。法國文學家雨果曾說：「只要是法律與習俗所造成的社會壓迫還存在一天，在文明昌盛時期人為因素將使人間變成地獄，並使人類與生俱來的幸福，遭受不可避免的災禍。」

這段刻骨銘心的革命經歷，便讓法國畫家友人看見戰亂的冷血無情，他試著用畫筆轉化那不可承受的痛，而我也更理解埃及人民的苦難與委屈，彷彿經歷《悲慘世界》裡頭的遭遇；它不再是一齣戲劇，而是真實的出現在我面前。

革命野火一路從突尼西亞燃燒，蔓延至埃及還有利比亞，迫使獨裁政權一一垮台，動亂發生後，突尼西亞前總統班．阿里逃至沙烏地阿拉伯；埃及前總統穆巴拉克躲到西奈半島的紅海別墅，還是被繩之以法；利比亞前總統格達費則被示威者凌虐致死。

利比亞已回收的二十第納爾（約台幣六百元）紙鈔上印著以格達費為首，與其他非洲國家領導人的大合照，班．阿里與穆巴拉克當然是座上賓。我央求利比亞朋友，讓我用等值埃鎊跟他換取這張絕版鈔票，看著三人大大的笑容，那取之不盡、用之不竭的財富，集政治、軍事、國家大權於一身，一人之下，萬人之上的權力已然成為過往雲煙。

遇見亞拉阿斯萬尼

二〇一二年五月二十六日，埃及第一階段總統大選名單出爐之際，以《亞庫班公寓》一書聞名於世的作者亞拉阿斯萬尼（Alaa al-Aswany）接受了半島電視台的專訪。

主持人問：「你在《亞庫班公寓》書中深刻批判、嘲諷舊政權時代的貪汙與腐敗，如今埃及人終於推翻獨裁者穆巴拉克，那埃及的下一步呢？」

亞拉阿斯萬尼表示：「參與民主歷程，這個測驗已被穆巴拉克延後三十年，我們必須赴試，也亟需通過考驗，因為它是最基本的考試科目。過去幾十年來穆巴拉克利用民眾害怕西方勢力的入侵、極端伊斯蘭教派的威脅、科普特基督教與伊斯蘭教的宗教衝突和網路傳播等的恐懼感，以高壓集權的方式掌控埃及。」

主持人接著問：「為何有超過半數的人民選擇穆斯林兄弟會來治理國會？穆斯林兄弟會堅信政治伊斯蘭是唯一的出路嗎？」

亞拉阿斯萬尼回應：「首先，選舉是不公平的，穆斯林兄弟會等伊斯蘭組織接受沙烏地阿拉伯的金援，採買民生物資分送給偏遠鄉村窮困民眾來賄選。其次，身為穆斯林理當遵從《古蘭經》和先知教導，但穆斯林兄弟會卻利用人民對宗教的信仰取得政治利益。穆斯林兄弟會相信阿拉站在他們那一邊，故拒絕任何異議分子的看法，認定他們自己代表阿拉呈現真理，抵制任何反對阿拉的教義，卻忘了別人同樣也有權利，選擇他們所推崇的真理和信念。」

二〇一二年六月十四日埃及總統決選前夕，亞拉阿斯萬尼受邀在文藝中心，與民眾分享革命後的埃及局勢，我也到場聆聽。

現場民眾手持布條站在舞台前，上頭的兩個圖案分別是輪胎和鞋子，前者代表穆斯林兄弟會候選人穆西，後者則是舊政權代表、前行政部長莎菲克，因為所有總統候選人中唯一被鞋子攻擊過的，就是莎菲克，不少民眾認為他若當選總統，等於徹底違背革命精神；以輪胎暗喻穆西，則因為穆斯林兄弟會本推選 Shater 為總統候選人，但他官司纏身，穆西成了備胎。

亞拉阿斯萬尼表示：莎菲克很可能會成為總統，雖然莎菲克從未贏得革命分子的信任，但因為自穆巴拉克垮台後，過渡政府——軍事最高領導委員會成為舊政權的靠山，一路支持莎菲克。當莎菲克進入總統決選名單時，他公開邀請莎菲克參加電視辯論會，卻被拒絕了；亞拉阿斯萬尼說，如果政治人物光明磊落、行事正當、人格經得起考驗，根本不必害怕事實攤在螢光幕前，不管是舊政權，抑或是穆斯林兄弟會，每個人都在玩骯髒的政治遊戲。

此時，民眾響起如雷的掌聲，備胎和鞋子布條再度被舉起，上面寫著斗大字——騙子，亦指希望民眾放棄投票。一名年輕女性舉手抗議，她認為大家應該去投廢票，因為拒絕投票並不能改變現狀。

「不管去或不去投票，大家都能夠自行決定，但謝謝這位小姐勇於表達看法，去年埃及茉莉花革命之所以成功，女性扮演了很關鍵的角色。」亞拉阿斯萬尼的回答化解意見分歧的尷尬場面，再度讓民眾報以掌聲。

整場演說台上講得揮汗如雨，台下民眾聚精會神聆聽，不時鼓掌、回應講者的看法，民眾踴躍填發問卡，上百張卡片遞送至舞台，先由兩位編輯整理歸類，再由亞拉阿斯萬尼一一回答。

當聽眾問道：「為何不給莎菲克一個機會，埃及會變得更好……」他看著問題笑了笑：「我們已經等了三十年，過程中多少人被犧牲了呢？」也有聽眾起身喧譁，堅持莎菲克是好人，亞拉阿斯萬尼回應：「這位祕密警察請冷靜，我們知道你是誰。」全場哄然大笑。

為了讓民眾充分抒發意見，亞拉阿斯萬尼開放民眾至舞台前分享。一位七十歲的老爺爺，手握著麥克風對著人群說：「我愛埃及，我希望埃及變得更好。」不少青年、婦女、中壯年人士也都擠到舞台前面，一位婦女試圖要插隊，當場被民眾制止，此婦女卻轉身向民眾說：只要幾分鐘就好。工作人員立刻向前要求她排隊發言，最後她堅持拿著麥克風卻被消音，亞拉阿斯萬尼也委婉要求她排隊，以展現民主國家人民的風範。

一位詩人朗誦詩句，大意是埃及是美麗的國度，追求公平、自由和正義，相信埃及的明天會更好：「我們將從錯誤中學習，革命精神永不止息。」

一位特地從美國回埃及投票的女士分享道：「我以身為埃及人為榮，全世界推崇埃及人誓死捍衛革命的精神，埃及人知道當大家的力量聚集在一起，終將贏得勝利。」

現場掌聲持續著，亞拉阿斯萬尼也鼓掌肯定和回應：「儘管我們面臨不公平的司法制度與壟斷政權的軍事最高領導委員會，但埃及人依然走在正確的道路上，一步一步的前進，絕不輕言放棄。」

來自人民的聲音

二〇一二年六月十七日總統大選當天，仍有少數運動分子在解放廣場遊行，呼籲人民放棄投票，理由是：為何要從兩個爛蘋果選一個比較不爛的來吃呢？另一群運動分子則主張去投廢票，排隊數小時投廢票，在正常人心中恐怕無法想像，但這些運動分子仍堅持心中的信念，站在車陣中拿著自製標語，呼喊軍事最高領導委員會、穆斯林兄弟會下台口號，持續在街道穿梭遊行，感覺他們已聲嘶力竭。一位男士朝我走來，表示這群人畢竟還是少數，對於總統大選起不了任何作用，他主動聲明自己不是穆斯林兄弟會成員，但他支持穆西，他不可能投票給莎菲克。

基本上埃及選民被迫分成兩派，一派因害怕埃及成為保守的伊斯蘭大國，不少基督徒選擇支持莎菲克，投票給莎菲克是因為不想被伊斯蘭教法制約。另一派則是

在解放廣場遇上小小社運家。

為了抵禦舊政權而選擇穆西，支持穆西者相信埃及仍可保有傳統悠久的文化。

我問方才那位男士：「很多人擔心穆斯林兄弟會將用伊斯蘭教法（以伊斯蘭教義為準則的法律〔Sharia〕）統治埃及，你的看法呢？」他說：「Sharia 宣稱當小偷被抓到，將砍手示眾。但小偷若是為了基本生存偷麵包，就另當別論了，因為一個富足的社會為何人民要偷、要搶呢？伊斯蘭教法的前提是要先創造一個公平、正義的社會，對於虔誠的教徒而言，奉公守法本是責任也是義務，又何必擔心呢？」

我們站在解放廣場聊了近一小時，一位男孩子也站在一旁聆聽，最後這個男孩用一口流利的英文向我傳達，莎菲克和穆西兩個人都是騙子，埃及會繼續革命。

解放廣場附近的交通依然擁擠、嘈雜，但革命之後，此處已成為思想交流的平台。

回顧五月總統初選結果公告時，民眾固然失望，仍不忘揶揄兩位總統候選人。莎菲克被指為穆巴拉克的替身，半張臉被改成穆巴拉克模樣的選舉照片廣為流傳，民眾口耳相傳四年過後總統便是穆巴拉克的兒子賈邁勒·穆巴拉克（Gamal Mubarak）。

穆斯林兄弟會則是被民眾揶揄，衣服必須等總統選舉結果出爐再來買，若是穆西當選，往後衣服只能買連身長裙、長褲，還要加購遮住半邊臉的面紗和頭巾。一位埃及友人則是逢人便問：你準備好簽證逃離埃及了嗎？

人民、評論家推敲各式各樣未來總統的劇本和戲碼，大家感到失落但不忘強打精神，自我激勵。歷經十五個月的政局動盪，民眾持續走上解放廣場抗議。當六月七日穆巴拉克逃過死刑，只被判處終身監禁時，從亞歷山大、蘇伊士運河、賽得港、上埃及到開羅，難以計數的憤怒民眾再度聚集起來上街遊行，對於司法仍庇護舊政權義憤填膺。當時身在解放廣場的我，再度感受革命的氣息，民眾高喊著：「我們代表正義光明力量，穆巴拉克則是邪惡黑暗勢力，將永不見天日。」吟唱、口號、掌聲和祈禱聲再次響徹雲霄，彷彿到處都可以聽到埃及人的怒吼聲。

二〇一二年七月，埃及新總統穆西至解放廣場接受眾人喝采，宣誓：「埃及的回教徒、基督教徒、非教徒，大家都是一家人，從今而後，我將為捍衛人民主權而活。」

但才短短一百天，穆西總統卻修改制憲法令，集軍權、國家、法治於一身，解放廣場上的示威者再度舉起革命旗幟，要求「新法老王」下台。

想不到，二〇一二年十一月穆西總統竟登上美國《時代》雜誌封面，標題為「中東國家最重要的男人」。埃及友人嘲諷道：「每個政黨都是一樣爛，為了自身利益在解放廣場搖旗吶喊，根本沒有人為埃及的明天著想。」

「埃及人如果不先改掉陋習，革一百次命也沒有用。」另一位埃及友人更毫不客氣批評自家人，指著圓環道路上亂左轉的車子開罵，「這些人貪圖一時方便，根本不在意對向來車的安全。如果連最基本的交通法規都不能遵守，談什麼革命、談什麼民主！每個人都像脫韁的野馬，放蕩不羈，如何團結力量，共創民主國家呢？」

友人明確指出不遵守交通規則，看似一件微不足道的小事，卻可能是整個埃及社會的弊病環節之一。革命尚未成功，同志仍須努力。

雖然現況苦悶，街頭咖啡廳的人們還是保有一貫的幽默，談笑風生。友人說：「埃及穆斯林兄弟會贏得總統大選後，在尼羅河的遊輪上辦慶功宴。怎知，同一時間，隔壁的遊輪也在辦結婚宴會，我一位留著大鬍子的親戚，就被強迫加入穆斯林兄弟會的宴會。」因為落腮鬍是大部分穆斯林兄弟會人士的「表徵」。

我也想起友人曾說：「二〇一一年一月革命前，埃及人自認快樂指數排名世界第三，革命後的快樂指數應該是世界第一啦！」

巧遇塗鴉藝術家

今年再回到埃及的這段時間，我竟然有幸遇到 Ammar Abo Bakr，他是埃及革命街頭知名的塗鴉畫家，染著一頭紅髮充滿藝術家氣息的男士，七年前我在開羅街頭拍的塗鴉幾乎全是他的大作，如今絕大多數的塗鴉都已經被軍政府抹滅，解放廣場周邊牆垣僅留下一幅他的塗鴉畫作，一個男孩紅著眼睛吃著埃及傳統的三明治，今天看起來依舊如此的無助。

我在美國開羅大學書店購買的《埃及革命塗鴉》封面正是 Ammar Abo Bakr 的作品，更沒有想到的是，竟然能在友人的聚會上目睹他的手稿，聽他講述埃及革命後發生的故事。還處在時差的我，苦撐著眼皮，聽埃及朋友們爭論和感嘆革命後人民的現狀。室友南西眼神堅毅地說：「埃及的春天肯定會再來的，人民團結的力量最強大。」

塗鴉畫家 Ammar Abo Bakr（左）向我們展示他的塗鴉手稿。

睽違七年回到埃及看著一群藝術家仍用自己的方式關心著國家，他們沒有沮喪也沒有放棄，我們都願意相信埃及明天會更好。

解放廣場周邊牆上僅存 Ammar Abo Bakr 的塗鴉作品。

Emma「埃」呀！

真實世界沒有「夜神月」，用死亡筆記本制裁壞人。

一部日本漫畫《死亡筆記本》，主角夜神月拿到一本死亡筆記本，他相信將世界上一個個犯罪者的名字寫進筆記本，可代替司法判決犯罪者死刑，這是正義的展現，他誓言要成為一個沒有犯罪者——新世界的神。與檢警交手數回合後，夜神月仍被司法殺了。

如果一味將希望寄託在「特定人物」的身上，或自視為救世主，事實上，國家並不會因此變得更好；要是人民持續發揮我在革命期間曾經目睹過的，為了國家不分彼此付出的精神，才能發揮小蝦米對抗大鯨魚的力量。

自古以來，金字塔從不屬於埃及的平民百姓，人民的快樂天堂，是人間處處有溫情。

八

快樂天堂

埃及有一則寓言故事，人死後在通往天堂的路上，會有一位天使攔路問兩個問題，其一：「你對自己的生命感到愉悅嗎？」其二：「你的存在是否讓別人感到愉悅？」如果兩項你都點頭稱「是」，祂就給你天堂之鑰，讓你進入天堂。

不管是否能進入天堂，埃及人民倒活得很自在、灑脫，連自殺率都異常的低。儘管在施政乏善的埃及社會，貧困以及隨之衍生的問題層出不窮，然而人民卻依舊選擇以樂觀取代消極。絕處逢生，在埃及可不是神話。

死人之城與週五市集

開羅市郊南方的公墓區，住著偌大一群被政府摒棄的貧窮市民，這些窮人來自上埃及或開羅外的鄉村，卻要與六千萬個開羅市民，以及兩百萬個外國居民爭一席之地，只能在都市夾縫中求生存。

墓園成了他們的家，和死者共處一室，也不覺得害怕。活人世界中你爭我奪的殘酷場面，才更令他們不勝唏噓，起碼死人不會在背後說他們的壞話。

當死者家屬前來墓園祈禱時，他們得趕緊把鍋碗瓢盆、草蓆和家具收起來，挪出空間讓家屬獻花祝禱。有的家屬會跟他們索取低廉的房租；有的則是睜一隻眼閉一隻眼，他們很欣慰這裡一直有人可以陪伴死者，讓他們不至於孤單落寞。

墓園形成了死人之城，也造就了一個特殊的聚落，這群都市窮人穿越大街小巷，推著三輪車或破爛的腳踏車，撿拾或回收人們不要的廢棄物，把它們一一整理、維修後，再轉賣給需要的人。儘管刻苦，也慢慢在死人之城與外圍道路之間，發展出當地週末特色——週五市集。因為穆斯林逢週五是祈禱日，這天照例要上清真寺祈禱。在禮拜結束後，民眾會到市場、市集採買民生物資，或是添購家中物品。

死人之城發展出來的週五市集，連一般的市民也會來挖寶。一位藝術家朋友想買張木桌，但找遍開羅卻物色不到，不是價錢太貴，就是款式不合意。他去週五市集逛了一圈，便買到一張物美價廉的木桌，看似老舊卻充滿古色古香的美感。

在死人之城買的毛毯，趴在上頭的是貓咪 Luna。

漂浪的綠毛衣

在眾多朋友的推薦下，一個週五的早晨，我和友人起了大早，趁交通尚未堵塞前直搗虎穴。我們沿著公墓邊緣走向攤販聚集地，一路上盡是小販手舞足蹈的唱誦聲，聲聲入耳，熱鬧的盛況像在逛台灣夜市。可以吃、喝、玩、樂的市集，吸引許多非死人之城的商販加入，跟外頭一樣的東西，買到的價格卻更實惠。

眼見地攤上琳瑯滿目的生活用品，從洗衣機、車門、床單、電熨斗、門把、鎖匙……應有盡有，入寶山豈能空手而回？我也補給到折合台幣一百五十元的毛毯和一件不知已轉了幾手、只賣五十塊台幣的綠毛衣，一種單純的幸福感油然而生，彷彿冬日的陽光溫暖了心房。儘管傳聞死人之城買賣的二手衣物，有的是從死人堆裡挖出來的陪葬物或身上物，我望著手上這件羊毛製的綠毛衣，只能暗自想著：不會這麼「巧」吧？

友人說起他第一次到死人之城時，碰上公墓外圍高架橋下的一場瓦斯氣爆事件，當時造成數十人死亡，政府完全置之不理。我和他再度經過當時的案發地點，發現那裡竟已被規劃為住宅區，待價而沽，只見一部部的挖土機，蓄勢待發收拾殘局，橋墩、圍牆和破敗的工寮仍留著焦黑的印痕。

謠傳政府為了趕走窮人，故意製造瓦斯意外，這樣一來既不用背負行政責任，也不用負擔人事賠償，因為窮人本來就是非法居留。

週五市集也跟著人群遷移。山不轉，路轉，路不轉，人轉，命運完全操之在己，不能掌控的就交給阿拉了。我也試著理解街上商販、民眾理直氣壯，句句不離錢的生態，這是一場生存遊戲，沒有錢萬萬不行，同時，溫飽之際不忘消遣。

對我來說，與我真正休戚與共的埃及，並不是電影《神鬼傳奇》的木乃伊國度，或是金字塔與埃及豔后傳說；豐富我生命的養分，更多是來自平民大眾與生活小故事。

至於那件始終陪伴著我的綠毛衣，在我離開埃及前夕，已鄭重把它轉送給下一個有需要的人，繼續它的漂浪人生。

咖啡座裡的簡單生活

週五市集聚集了人潮，許多男性逛完市集後，就轉往附近的咖啡廳消遣。大部分傳統的咖啡廳只允許男性進入，在電影《開羅時光》，來自加拿大的女主角拜訪埃及男主角經營的咖啡店，引來眾多男性的目光，由於外國人身分才免遭非議。

我也跟著友人鑽進咖啡店裡，品嘗當地最盛行的土耳其咖啡，友人則是點了一管水果口味的水菸，淡淡、甜甜的水果香，讓人昏昏欲睡。不管是茶、咖啡或水菸，我見人們總是茶不離口、菸不離手，閉口開口都是霧氣。

身旁的埃及友人都是水菸愛好者，男性一整晚可以抽掉四五管水菸，女性也不遑多讓。到高級的餐廳或飯店，水菸口味可就五花八門，除了最基本的原味、薄荷外，也有蘋果、桃子、西瓜可選擇，菸草品質也比較好。

從我拒絕水菸到親身體驗，歷經快一年的時間，健康是理由之一，其實很怕一抽上癮可就不好了，第一次抽就被水菸嗆到，支氣管和喉嚨也覺得乾乾澀澀，才抽幾口水菸已然要飄飄欲仙了，就此沒有「愛上」水菸。

不少女性友人是一天不抽就會全身不對勁，都市街角的咖啡廳，從來不擔心沒生意，只怕客人來了沒位子。

每個人都有專屬和習慣到訪的咖啡廳，從高級餐廳、廣場咖啡座、街頭咖啡廳到巷弄裡的小咖啡廳，都各有愛好者。早上工作前先喝一杯咖啡，中午休息到晚上下班後，繼續跟朋友在咖啡廳廝混，可能談公事、聊八卦，也可以讓自己晾在一旁，讓生活放慢腳步。

我的祕密咖啡廳緊鄰尼羅河畔，因為非得要跨越橋梁，才能享受城市片刻的寧靜。那棟建築基本上是保齡球館，人們到那裡欣賞尼羅河夜色，倒沒什麼人在打保齡球。

我最崇拜的咖啡廳，位於胡賽因清真寺旁邊，不是因為它靠近宗教聖地而心生仰慕之情，而是那家咖啡廳孕育出了諾貝爾文學獎得主——納吉布·馬赫福茲，以及他最著名的《開羅三部曲》。

民眾離不開咖啡廳，它彷彿滿足了人們最重要的心理、生理需求。便宜到昂貴的咖啡人人都可以視需求來選擇，水菸也俯拾即是，成了一般民眾甚至窮人的首選，他們依然可以靠微薄的薪水來消費，在咖啡、水菸的陪伴下，過簡單生活。

若是一時口袋不寬裕，街頭、巷弄的小咖啡店，都允許賒欠或記帳，晚一點或是改天有錢再一次付清。咖啡店的老闆與顧客也

大街上處處可購買水菸。

納吉布·馬赫福茲逝世前常待的咖啡廳。

成為好朋友，熟知每個老顧客的名字、工作和習慣，看到誰一來，特定口味的水菸立刻送上桌。

在咖啡廳，我看見人與人之間的信任、互助和友誼，我也變成自家公寓樓下「爺爺咖啡座」（我私下取名）的常客，每當與朋友相約談事情，總會在那兒碰面。不過要先做好心理準備，小商販、街頭藝人、乞討者，或是賣衛生紙的小孩子，總會打斷人聊天的興致，在人們身旁兜售、表演和乞求食物。

最大的噪音則是人們的尖叫聲，每當國內外足球賽事一轉播，咖啡廳座位自動排成觀賽區，要喝咖啡、抽水菸都先緩緩，等比賽進行到一段落，再提供服務。萬一當天是埃及著名足球俱樂部扎馬雷克對決阿赫利，兩隊的擁護者總會互相叫囂，場面格外緊張、火爆。

平常男性們共通的娛樂就是踢足球或打足球電玩，這些男性友人們長期打足球電玩，玩到兩隻大拇指結著厚厚的繭。有次我和埃及小子比賽足球電玩，他快速地操作英文電玩介面，選擇哪個國家、哪個隊伍、哪位隊員，還可以分析誰的戰鬥力最強、誰的技巧比較高超。一會兒他已經得分，每進球他就大聲喊「goal」。

泡咖啡廳、看足球和逛街買東西，佔據了埃及人生命大部分的時間，有時我還真詫異：生命中難道沒有其他休閒娛樂或嗜好嗎？

其實，在咖啡廳三五好友聚在一起能做的事也不少，慶生、打牌、下棋、認識男女朋友。咖啡廳讓老年人不愁找不到伴、中年人在此創造事業的第二春，也是年輕人的社交天地。

最重要的是咖啡廳提供了一個人與人面對面的開放空間，外國人很容易在此遇到熱心的埃及人，分享埃及經驗、故事，也會遇到不少商業掮客，推銷各式各樣的商品、旅遊行程，或騙財騙色。老朋友間縱使再久沒來電，也很難失聯，到咖啡廳找人就對了。

很少看到埃及人形單影隻，推測這是他們的民族性，想要大家一起才熱鬧。即使彼此是陌生人，很快地，大家也會因喜好共同的球員或球隊，變成朋友，交換觀賽心得，在得分時大叫、舉杯慶祝；不用花昂貴的門票、穿名牌的球衣和球鞋，一樣能享受足球的樂趣。

其實埃及沒有金字塔

外國人眼中的金字塔傳奇，在埃及人看來只是愛好騎馬者或小學生戶外教學去處，大熱天去看一堆石頭，他們實在沒有興趣。只有埃及政府張開雙臂熱情擁抱金字塔——上至政府首長，下至巡邏警察，享受著金字塔帶來的龐大觀光效益，大部分的收益被他們納入私囊，反觀一般民眾卻仍在水深火熱的苦難環境中掙扎。

開羅司機阿里

二〇一一年，六十歲的阿里已經在開羅漫遊三十五年了，他自一九七六年起擔任大眾運輸司機，見證了大眾運輸系統的浮浮沉沉。他最大的夢想是：在世界最擁擠的城市之一開羅，能行駛在安靜的街道，只要一天不要跟警察或乘客爭論就好。在車輪、制服和爽朗聲音的背後，他試圖展現他的誠意，使乘客能對他另眼相待。

阿里本來將希望寄託在革命，期望新時代來臨有新的轉機，但似乎沒有任何的改變。他即將退休，獎勵基金無法符合他的期待。三十五年過去了，他的薪資是五百七十埃鎊（約合兩千八百五十元台幣），偶爾紅利加到一千兩百埃鎊（約六千元台幣），但機會屈指可數。

養一個小孩需要很多錢，若養四個呢？阿里共有四個兒女。他已經竭盡所能提供孩子受教育的機會，四個孩子都有高中文憑，兩個兒子在他的協助下完成終身大事。排行老大的兒子，也在公共運輸部門服務，一個月賺一百八十八埃鎊；這兩個兒子，每月還要負擔三百五十埃鎊的房租，若沒有阿里的幫忙，如何生存呢？

儘管阿里逐漸喪失工作的熱情，他卻從未想過辭職，因為除了開車他沒有任何生存技能。

例行工作日，他必須面對等不及巴士停站便急切跳車的乘客；一些乘客拒絕付款，還囂張地說他們已經付了；最糟糕的是：「遇到警察拒絕付車錢，假使我趕他下車，他一下巴士便開罰單懲處我。」而「唯一正面的鼓舞是在巴士遇到和善的乘客，和我分享他的快樂與悲傷。」

對公共運輸部門來說，政府仍有諸多改進空間，最迫切的是滿足公車司機的基本生活。阿里說：「每個月部分薪水被扣除，作為社會保險基金，問題是，它從未存入政府相關部門或個人儲蓄帳戶。公車司機們到社會保險部門一查詢，才發現自己的名字根本沒被註冊。另外政府雖聲稱提供司機專屬醫療服務，如醫療檢驗、醫療照護和藥物治療等服務，求診時卻找不到負責的部門，司機們根本無法負擔私人醫院，每天面對上千名乘客，亟需要治療感染疾病津貼。」

公共運輸部門不僅給司機舊巴士，巴士行照還是過期的，萬一遇上警察盤查，司機駕駛執照會被吊銷。整個開羅至少有超過二十五個據點的司機面臨上述處境。

沙漠裡的人間天堂

當我沿著金字塔周邊閒逛，除了馬棚和安排逛金字塔行程的少部分商店人潮絡繹不絕，大部分住在金字塔周遭的民眾，生活相當貧困。對廣大貧困的埃及人而言，真正能為當地帶來改變的，或許不是金字塔的觀光效益，而是更多來自當地人民、組織或企業的力量。

位在開羅東北部五十公里沙漠，誕生了埃及社會企業 Sekem，創辦人易卜拉辛（Ibrahim Abouleish）醫生出身埃及，在奧地利擁有一家製藥研究機構。他認知到國家需要有強大的經濟支持，於是回到埃及，一個人在沙漠中開始創業，當時唯一的建築物是貝都因人蓋的土房子，他獨自一人住在裡面。

至今三十多年的時間，土屋仍然保留在園區，作為接待外賓的客房，屋子周圍則延伸出二十棟白色的建築物，分別用來當辦公室、農場基地和製造工廠。

當我和中國友人小 V 終於抵達 Sekem 辦公室，目睹埃及人創造的沙漠奇蹟，心情格外興奮。負責為我們導覽的志工 Peter，本身是 Sekem 的老員工，將近二十年的資歷，卻絲毫沒有架子，他帶我們一一參觀有機農場、紡織品、藥廠、醫院和華德福學校等企業和非政府組織部門。

他解釋 Sekem 每年總有來自世界各地絡繹不絕的訪客，其中參訪行程所收取的導覽費和住宿費，是華德福學校和醫院等社會福利部門的重要收入，不必再依靠 Sekem 企業部門的捐助，也能夠自行為生，同時繼續從事改革社會問題的工作。

Peter 是華德福學校的德語老師，血緣一半是埃及，另一半是德國。過去他住在首都開羅，自從到 Sekem 工作後，他就選擇遠離開羅的喧囂，住在離市區至少兩小時車程的學校宿舍，除了買東西他現在幾乎不進城了。我在 Sekem 商店看書，隨手翻到一張他年輕時的照片，畫面是他正在指導新進人員，不禁想起他帶領我們參觀企業部門或農場時，主動親切地向工作人員問候，連農場多了新馬匹都能察覺。

很難想像 Sekem 所在區域本是一片沙漠，如今變成數百畝綠樹成蔭的有機園區。每一棟建築都體現了華德福教育人智學精神，建築外觀簡單不失典雅，我站在寬敞明亮的落地窗前，感覺坐擁一片樹林和花園。

到了有機農場，看見偌大田地種滿新鮮植物，還有四座鴿舍，牛隻糞便成了最佳的天然燃料。經過露天廣場時，志工還說：「每年 Sekem 周年慶時，全體數千位員工齊聚在此分享工作心得和收穫，也同步欣賞華德福師生的戲劇、音樂演出，場面歡愉又溫馨。」

Peter（左）帶領小 V（中）與我參觀華德福校園。

中午用餐時間，多位德國老師和志工正在討論華德福新學期的課程規劃。我們一一走訪了特殊教育、幼稚園、小學到國中的教室，其中我對於幼稚園孩子穿著不同顏色的制服感到好奇，原來，不同的顏色反映出孩子的獨特性，老師可以藉此判斷，提供孩子最合適的協助。例如：紅色多半代表精力旺盛，綠色則代表愛好和平。

從幼稚園、小學到國中階段，華德福教育逐步健全孩子的身心靈，讓埃及的孩子可以跟外國小朋友獲得一樣好的教育，這也是創辦人易卜拉辛決心從德國引進華德福教育的初衷。

Peter 特別引領我們參觀雕刻、音樂、舞蹈和藝術教室，一幅幅孩子們的創作和團隊成品，讓人眼睛為之一亮。華德福學校前的巨大雕塑藝品，前不久才由駐守在此數個月的德國雕刻家，與學生們共同創作而成。

在資源匱乏、公立教育體質不佳的埃及，華德福教育能在此落地生根，靠的是埃及老師與外國志工貢獻無數的青春歲月，從一片寸草不生的沙漠，一間小教室和七個學生開始，掀開了埃及華德福教育的新頁。

華德福學校的學生，有不少來自鄰近貝都因村落，總人數雖不比公立學校多，但是 Sekem 堅持要推動華德福教育。許多畢業的學生經過職業訓練，也加入 Sekem 企業部門的行列，慢慢帶動了貝都因部落的發展，創造弱勢族群的生存機會。

離開Sekem辦公室，我和友人小V也走訪了非政府組織El-Nafeza（中文意譯為「窗戶」）。它是一個專門回收稻草做成再生紙的NGO，進而將再生紙做成盒子、扇子、文件夾、燈籠和相框等生活用品，加以販售來營利為生。

創辦人表示，雖然組織預算吃緊，但來自法國、日本和埃及的志工們，一手包辦了網站宣傳和研發藝品樣式，幫忙支撐她多年來的夢想，協助埃及殘障同胞，也回收當地資源再利用，為弱勢族群創造工作契機。

組織的工作人員多半為聾啞人士。「辦公室有時靜得連一根針掉下去都聽得見。」日本志工說道。我的日本友人有兩位透過JICA（日本協力機構）媒介到El-Nafeza當志工，也總是專注靜默地做設計和貼黏。

往後每逢國內外友人來訪，我總是推薦他們來El-

「窗戶」NGO的手工藝產品。

Nafeza 買伴手禮，雖然價格較高一點，但格外有意義。他們也會和其他 NGO 合辦義賣活動，現場更有來自蘇丹難民、巴勒斯坦婦女、上埃及和貧民窟婦女等製作的手工藝品。

在埃及人的心中，古埃及建造的金字塔只是過往的歷史建築，人民真正需要的「金字塔」，是由草根組織冒著汗、流著血，開疆闢土建造而成的、良善的社會福利設施。

人民的快樂天堂，不是在天上，而是人間處處有溫情。若我沒在埃及待上好一段時間，可能會天真的以為埃及只有金字塔和法老王傳說，也沒有機會遇上埃及革命，走上街道，傾聽人民的聲音吧！

Emma「埃」呀！

逛街買東西是埃及人休閒生活的重心，丈夫帶著妻子、小孩同行，一家人特別喜歡去吃冰淇淋，大人、小孩人手一支，戴著面紗的婦女舔冰淇淋時，則把面紗微微抬高，快速放進嘴巴，如此一來一往數十回，技術不好的媽媽，面紗最後總留著甜甜的印漬。

至於全家計畫出一趟遠門，可能很難成行，很多開羅當地人連上埃及都沒去過。背包客、旅行團十天就把埃及的神廟、金字塔、亞歷山大港口、沙漠和摩西聖山都走遍了；一個土生土長的埃及人卻可能畢生連一個景點都沒去過。

埃及朋友說：「旅行的成本真的太高了，車票、住宿、伙食還有門票都是一筆花費，最困難的是，全家人根本沒有時間一起去！」

從事短期海外旅行和長期在國外工作、生活的重大差異之一是：身體一定會對你說話，你曾經怎麼忽略它，有朝一日，它就怎麼回報你。

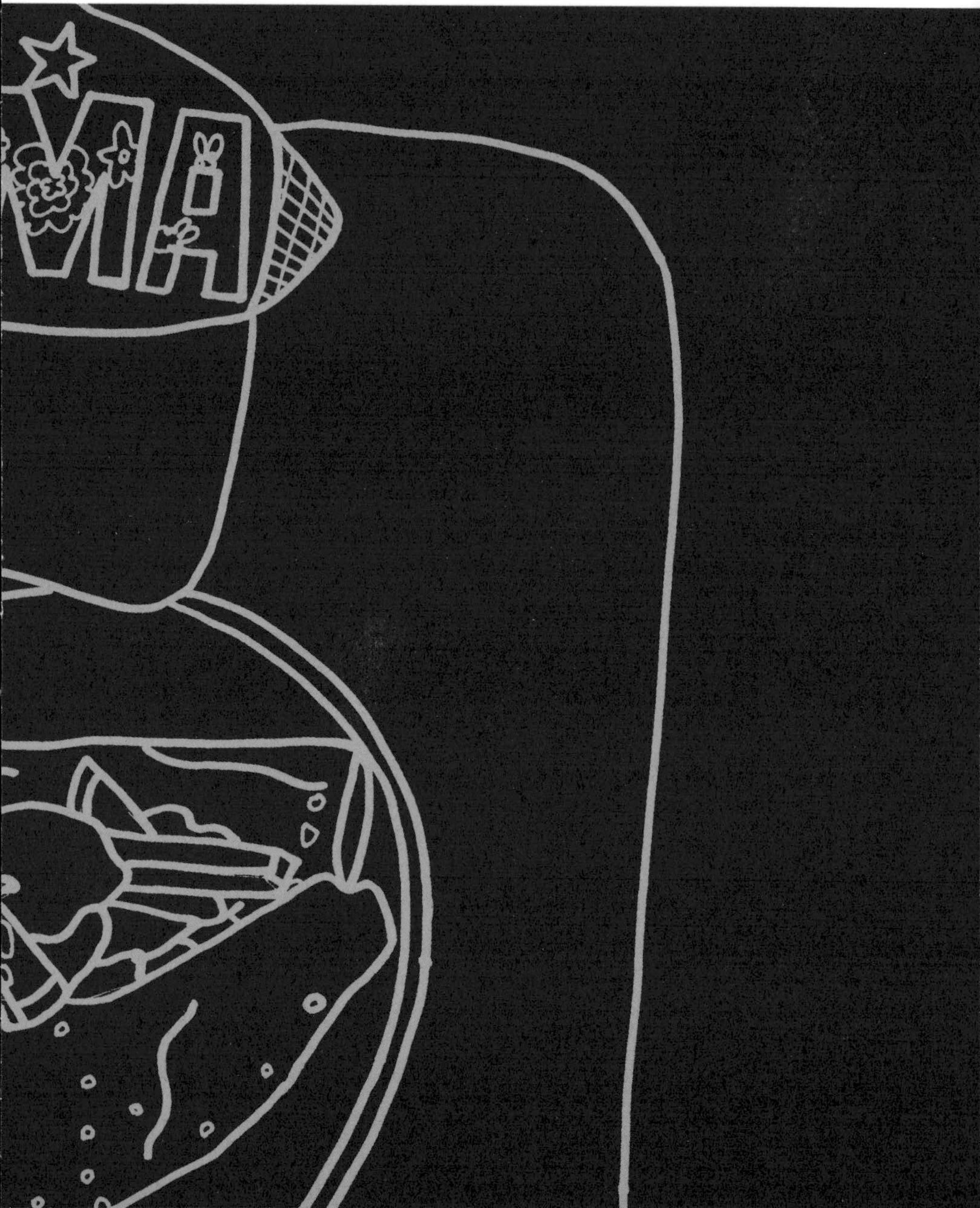

9
身體會說話

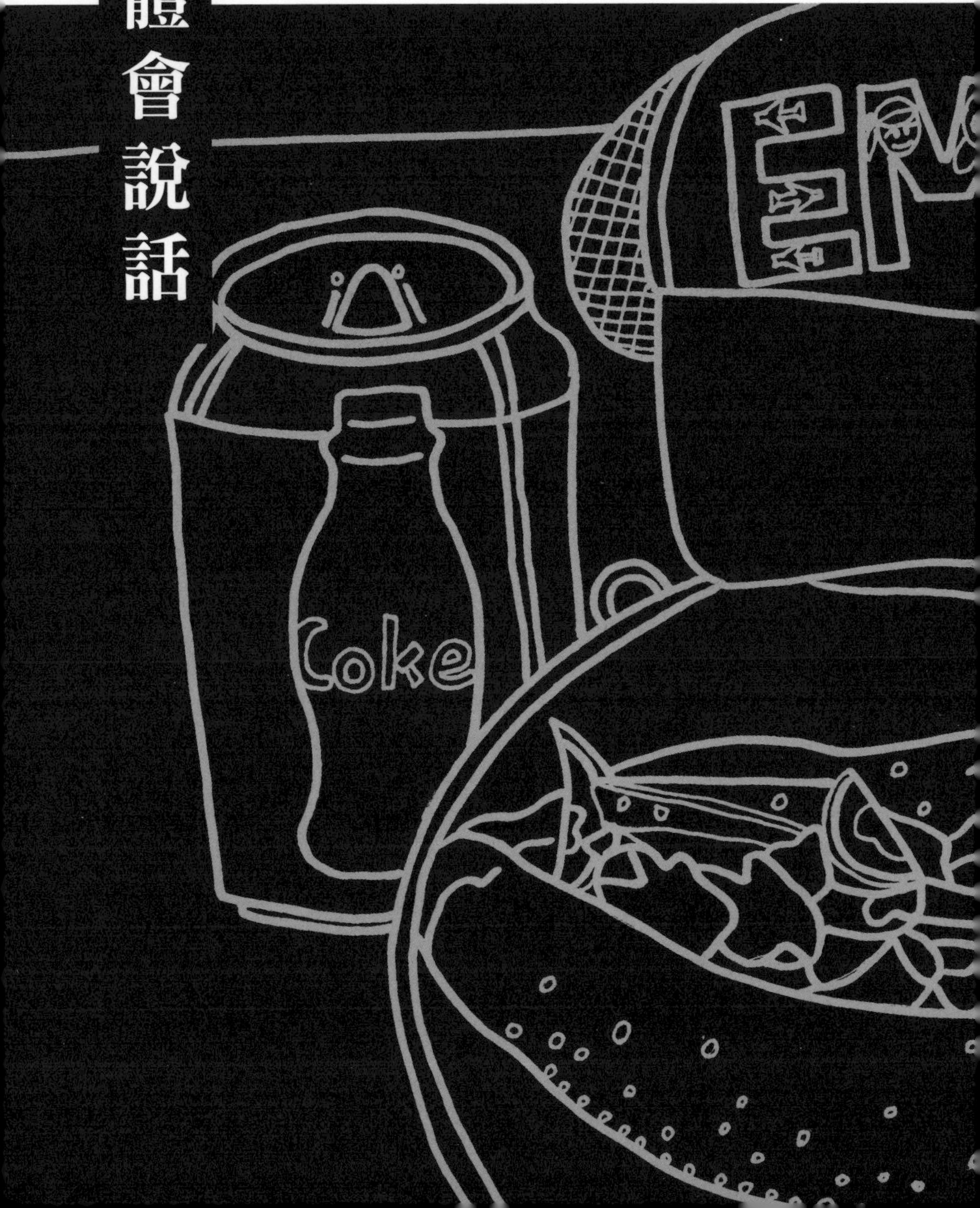

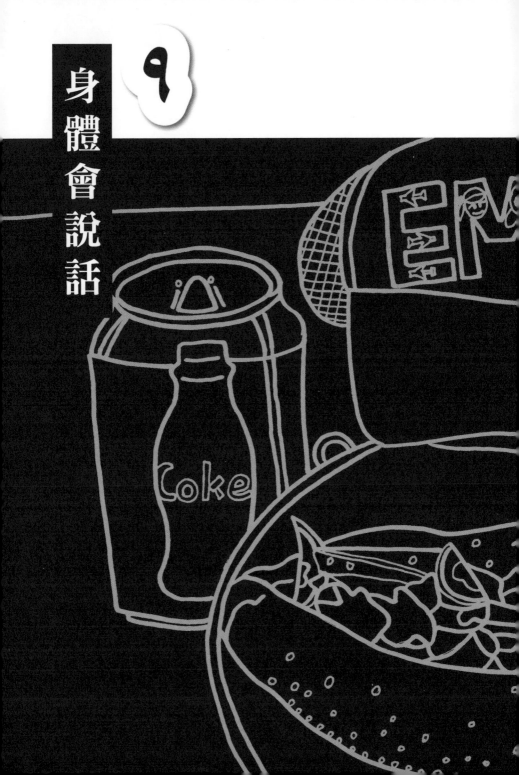

「人的身體不是鐵打的，要好好保養！」從小身強體壯又自恃年輕的我，自然不把這話放在心上。

那一年出發去東帝汶前，我問醫生說：「聽說東帝汶是瘧疾肆虐的疫區，那事先打預防針有效嗎？」醫生直白的回覆我說：「沒效，萬一你真的中鏢了，直接送醫急救。」

到了當地才發現每個志工夥伴，隨身攜帶瘧疾藥，每天按時服用，我只好自我安慰，過去朋友暱稱我「施壯壯」，管他瘧疾還是登革熱，沒在怕的。只是每天面對大黑蚊的威脅，身體再壯的我也吃不消，偏偏我又特別愛跑廁所，根本是直闖蚊子軍的大本營，下場是一手擦屁股，還要一手趕蚊子，欲哭無淚。

原汁原味的東帝汶生活

某次下鄉教學，工作令我心力交瘁，沒注意到已感染瘧疾，原來被瘧蚊叮過以後，身體會帶有病原體，一旦人體抵抗力薄弱時，就會發作，我就這樣發病了。當時身在一片大山中，上哪兒去找醫護人員呢？躺在地上全身忽冷忽熱的我，已經無法思考，只能等待奇蹟出現。

我冒著冷汗，蜷曲在睡袋裡，迷迷糊糊中被一個女護士輕輕搖醒，要幫我做檢驗，她在我的無名指上刺了一針，等待檢驗紙的判決。這位女護士剛畢業不久，立志回家鄉服務村民，我是她第一個瘧疾病患。接著，女護士堅持把我帶回家，因為她家才有床和溫暖的被窩，我才能好好休養。

聽說得瘧疾的病人，十之八九非死即重病，我不但沒死，還快速地康復了，真多虧了護士、村民和志工夥伴的照料。村莊裡沒有自來水、電力設備，都依賴人工去水井或溪裡打水，煮飯也只能在屋外搭建野地廚房，生活堪稱是「原汁原味」。

在我逐漸康復之際，又鬧起公主脾氣來，因為同梯的志工夥伴，除了我以外都是男性，我吵著要喝可樂、吃餅乾，不想再吃白稀飯果腹。當下志工友人一路跑到有訊號的山頭，打電話詢問總部，是否能夠將經費花在「垃圾食物」上。雖然團隊財務吃緊，我終究如願以償獨享一瓶可樂，康復後才想到自己好自私，不但沒有感念陪伴、照顧我的人，還造成他們的負擔。

得了瘧疾的我，首度體會到即使是鐵打的身體，一旦無止境地消耗它，也會出毛病。當地友人也說：「外國人特別容易被瘧疾蚊攻擊，當地人很少被叮上。」這就奇怪了，難道當地人已經演化出抗瘧疾的體質嗎？友人也答不出所以然來。

我開始觀察當地人的飲食習慣，發現他們常吃一種很苦的葉子，據說可以讓血液不那麼酸、預防疾病上身。

而真相是，其實當地人也會得瘧疾，只是發病機率非常小，在日常生活中他們透過食物來強化身體或避免食用某些食物。例如得瘧疾或寒性體質者要少喝椰子水。當我大病初癒，急著要喝椰子水也被拒絕，理由是我身體還太虛，會加重病情。

沒有水的馬桶

除了瘧疾蚊令我戒慎恐懼外，搭長途大巴是我第二個罩門，往往剛上車就想上廁所，偏偏當地巴士都是最基本款，有位子坐就要偷笑了，車上哪有廁所？有好幾次都支撐到當地人跟司機說：「上廁所。」我才得以解脫。

車一停妥，我馬上鑽到草叢裡解放，才能再度上路，這也養成我每到一個地方，總是先問：「可以借廁所嗎？」往往對方還來不及回答，我已經找到茅坑了。

在東帝汶山區的平民住家，通常沒有現代化廁所，或者說，野地裡處處都是廁所；平民住家的廁所多半徒有馬桶外型但完全沒有沖水設備，想如廁要自備水桶才行。

至於使用過的衛生紙要丟哪？洗手用的水哪裡取？早在我到東帝汶前，已經知道答案了，只是一直不願面對它：右手倒水的同時左手進行清潔動作，衛生紙就省了，看似非常噁心的行為，卻是當地友善對待環境的方式。

有次我在一個徒有馬桶外型的廁所拉肚子，連水都還來不及沖，熱騰騰的排泄物就被尾隨在後的野狗吃得乾乾淨淨，從此以後，我真的如願成為公主了——只是公主稱號之前加了廁所二字。

萬萬沒想到，隔年回到台灣健康檢查時，醫生宣布我得了尿道炎，病因是長期憋尿或緊張特質所致。吃了一個禮拜的藥，再度檢查仍是陽性反應，醫生提醒我：「尿道炎沒醫治好，會轉成慢性病。」雖然買了治療藥方也搭配飲用蔓越莓汁，但我因為改不了三天打魚，兩天晒網的習性，日子一忙，頻尿問題便拋到腦後。

雪上加霜的埃及之路

我又再度上路了，埃及不會比東帝汶落後吧？我應該能全身而退，帶著這種想法的我，自信滿滿踏上金字塔的國度。

沒想到埃及比東帝汶更慘！公廁寥寥可數之外，狀況還慘不忍睹，每次看到司機車一停，副駕駛座車門一拉，就公然上起廁所。

在車站或交通轉運站的大柱子，總是傳來令人窒息的尿騷味。男生可以大剌剌的站在路旁如廁，那女性怎麼辦呢？

我的女性友人都撐到回家才能上廁所，不然的話，只好找修車廠借男廁，一般街角的咖啡廳根本沒有廁所。頻尿的我，簡直來到了地獄，因為開羅無時無刻不塞車，每天上下班鐵定花上兩三個小時搭車，而公車、捷運和馬路旁根本沒公廁。

下班時同事們搶著在廁所補妝，我只好草草了事，為了減少上廁所的欲望，只要不渴就不喝水。而要治好尿道炎的途徑之一正是：多喝水。

看來我已經病入膏肓。

某次和友人們去度假村游泳，長達三個小時的車程，到路途中央我已經快陣亡了，完全沒有休息站，接近收費站時我央求下車找廁所被拒絕，我無助地看著終點里程數，慢慢從十位數逼近個位數，整個人都要崩潰了。

我能怪誰呢？因為我內在的緊張特質，加上外在的環境壓力，在埃及生活只能皮繃緊一點，這時我會想起台灣真好，雖然地狹人稠，但是公共設施相當發達。

每當埃及友人問我：「喜歡埃及嗎？」我簡直難以啟齒，它的人民相當熱情可愛，但是生活環境真是讓人吃不消！

某一天，我的手「意外」受傷了。上班時遇到一位許久沒見的小女孩，她興奮地跑向我，大嘴一張咬住我的手腕不放長達數分鐘，好不容易制止、擺脫她後，我衝進廁所放聲大哭。當時我承受了工作和環境的壓力已久，被小女孩一咬整個情緒宣洩而出，一發不可收拾。

我發現自己不像以往堅強，或者該說我已經被當地人感染，情緒起伏變得很明顯，雖然我仍試圖掩蓋心中的惶恐和害怕，但仍看著鏡中哭紅雙眼的自己說：「好好面對，不要再逃避了。」

小女孩被工作人員訓斥一番，我看著她，眼淚仍無止境地流下，說不出一句話。小女孩的媽媽急忙道歉，深怕她女兒再也不能進辦公室玩耍。這個小女孩在家缺乏紀律，每次來辦公室總是欺負同年齡的孩子，甚至毆打她哥哥，還會裝可憐的說：「都是別人欺負我。」

身為陪伴小女孩的志願者，我感到很痛心，那時我只想讓她知道，欺負人是不對的，而代價是我的手腕到現在仍有點後遺症。

陽春的巴士與混亂的交通，簡直是我的地獄。

不減肥就變瘦

在埃及生活的第二年，體重開始往下掉。剛到埃及的我還有點微胖，當地友人們看著我日漸消瘦的身形，直呼不可思議，因為同時間友人看醫生減重，過了一年體重不減反增。

第一年在都市上班，午餐時間常隨工作坊結束而定，可能是三點、四點或五點；第二年在貧民窟上班，工作人員常吃零食果腹，多半是早午餐一起吃，食材是炸餅、大餅、大豆和一些蔬菜沙拉。

到埃及之前的我，不管在哪肚子一餓就立即覓食，而過去在亞洲各國從事志願服務的經驗，早、午、晚餐時間和台灣相差不遠。在埃及第一個月，隨興的用餐時間卻讓我幾度餓昏頭，有次我實在快要暈倒了，跑到速食店買三明治，才回到辦公室就被逮到——主任擔心我的安危，囑咐往後要請辦公室小姐跑腿才行。

回租賃的公寓，想下廚煮飯，得先跟南西的貓咪 Luna 大戰五百回合，牠相當聰明又調皮，會在廚房流理台跳上跳下、討食物。把牠引誘出去關上房門，牠會發出哀號聲，猛烈地刮門。南西在家時也不好意思拒絕牠於千里之外，煮個飯像是打仗一樣。偶爾我舉手投降，改成外食，到了速食店每每人潮洶湧，根本沒有秩序可言，想先拿食物，食物單要附上小費，再快速遞給服務員。通常只看到數隻手爭先恐後搶遞單子，動作太慢只有乾等的份，我恨死了。男士們很少禮讓女士，有的女士則更強悍地插隊。

這不只是場「野蠻」遊戲，還是場「生存」遊戲。

磨到後來，我曾有一段時間乾脆天天泡麵度日，自我催眠它便宜又方便。

膠著苦惱的生活狀態

每天上下班搭捷運、公車，經常沒有位子坐，這沒什麼大不了；只是常要追著公車跑，可就不好玩了，有時我會像蜘蛛人一般，緊貼著車門不放，更怕公車一加速，跌個倒栽蔥。遇到上班潮，又是一大酷刑，擠在人群裡，陣陣汗臭味足以打退瞌睡蟲，令人「精神抖擻」。

若改坐計程車，又怕被騙——總會遇到司機趁人不

埃及速食店裡，人群推擠著點餐的恐怖情景。

注意時動手腳，跳表速度突然倍數成長。有的司機則是繞遠路，認為我是外國人不知道路，下車前還頻跟我留電話，以後若要搭車，聯絡他能隨call隨到。最可憐的是遇到年輕司機，他們怨嘆找不到工作，只能開計程車，根本賺不到錢，每天光塞在路上，就夠惱人，窮得找不到老婆，還要我做他們的女朋友。

回顧在埃及的後期，我已陷入一種膠著的生活狀態，明知道飲食習慣大錯特錯，卻沒有設法調整或創造新的方式，讓自己「活」得更好，倒是每個月總有幾天躲在棉被裡大哭，一再的問自己：怎麼辦？

原本自豪地認為身經百戰、百毒不侵的我，不得不重新開始，隨身攜帶口糧。身體較虛弱時，就上館子吃飯，不為了省錢就隨便亂吃。能走路就不坐車，每天都要以運動來紓解壓力。

重新練習平衡的生活

從埃及回到台灣，只休息了一個禮拜就環島分享志工經驗，分享的內容不外乎是我這些年來的學習體驗心得和當地所見所聞，唯一沒有提及的便是身體的病痛史，這也是成長付出的代價之一，始終如一的拚命三郎個性，也是導致生病的源頭。

結束台灣的行程，我和友人繼續一路從金門出發，來到廈門、四川、合肥、南京、杭州、常州、上海和北京，再飛往馬來西亞、泰國、香港等地，延續在台分享和旅遊的行程。我們到常州拜訪了台灣樂生療養院金義楨爺爺的家人——金氏家族。金小波爺爺注意到我面容憔悴，氣血不順，最嚴重的是我年紀輕輕卻頻尿，毫不諱言的提醒我要注意身體；一旁的金鈺茹阿姨，馬上提議隔天一早趕在我離開常州前，去中醫學院看病。

金阿姨拿著一本問診書，看病人是她的名字，歲數欄填的卻是我的年齡。她悄悄說：「這本是特別為你準備。」老中醫幫我把脈後，診斷我沒有什麼大病，尿道發炎要消炎，只能用西醫的藥來救治。

原來常州中醫派可是聞名中國，難怪當地中醫院林立，我帶著金小波爺爺一家人的關心，再度踏上旅途。

到了合肥小團山農莊，我陪著志工去餵食看門狗，才靠近狗窩就被小狗狠狠咬住手腕，剛好就是我在埃及被小女孩咬過的舊傷口，不一會兒馬上痛得發麻，我整個人快要動彈不得，埃及小女孩彷佛出現在我的面前，提醒我那段埃及時光，我面對的是身體的疼痛，同時也是心靈的創傷。

我當著眾人顧不得顏面、哭個不停，回房間趕緊拿出四川友人送的隨身型艾灸，綁在被咬傷的手腕上，促進氣血循環。記得當時幫我進行艾灸療法的年輕師傅說：「由於長時間處於壓力緊繃的狀態，身體血液循環很差，確實需要好好休養。艾灸能夠幫助你放鬆心情。」

既然已經上路了，無論如何，還是要按原定計畫把行程走完。當我們來到泰緬邊境美索，某日我無故發起高燒，同行友人緊張地要求我驗血是否為登革熱，因為前不久當地工作人員高燒不退，自行判斷為感冒，身體卻日漸虛弱，驗血後赫然發現是登革熱。

我抱病前往當地診所，每個來看病的人似乎命都快去了半條，狂嘔吐或咳嗽。醫生判斷我的病情應該是過度勞累導致。為了安定友人的心，我還是做了檢測，幸好是一般感冒，當我結束海外將近兩個月的旅程，發現這一路走來，體力真的完全不如從前，甚至已經變差而不自知。

回到台灣的家，一打開信箱收到金阿姨的來信問候，劈頭寫著一句中國諺語：「磨刀不誤砍柴工。」大意是提醒我要養好身體，才能繼續做公益，發揮更多良能。當她得知我還有少許行程，提醒我趕緊去醫院檢查，千萬不要讓尿道炎變成慢性病了。確知我待在家中休養一段時日，她才放心地祝福我「早日康復」，被一個相處僅僅三天之緣的阿姨如此關切，我充滿感激

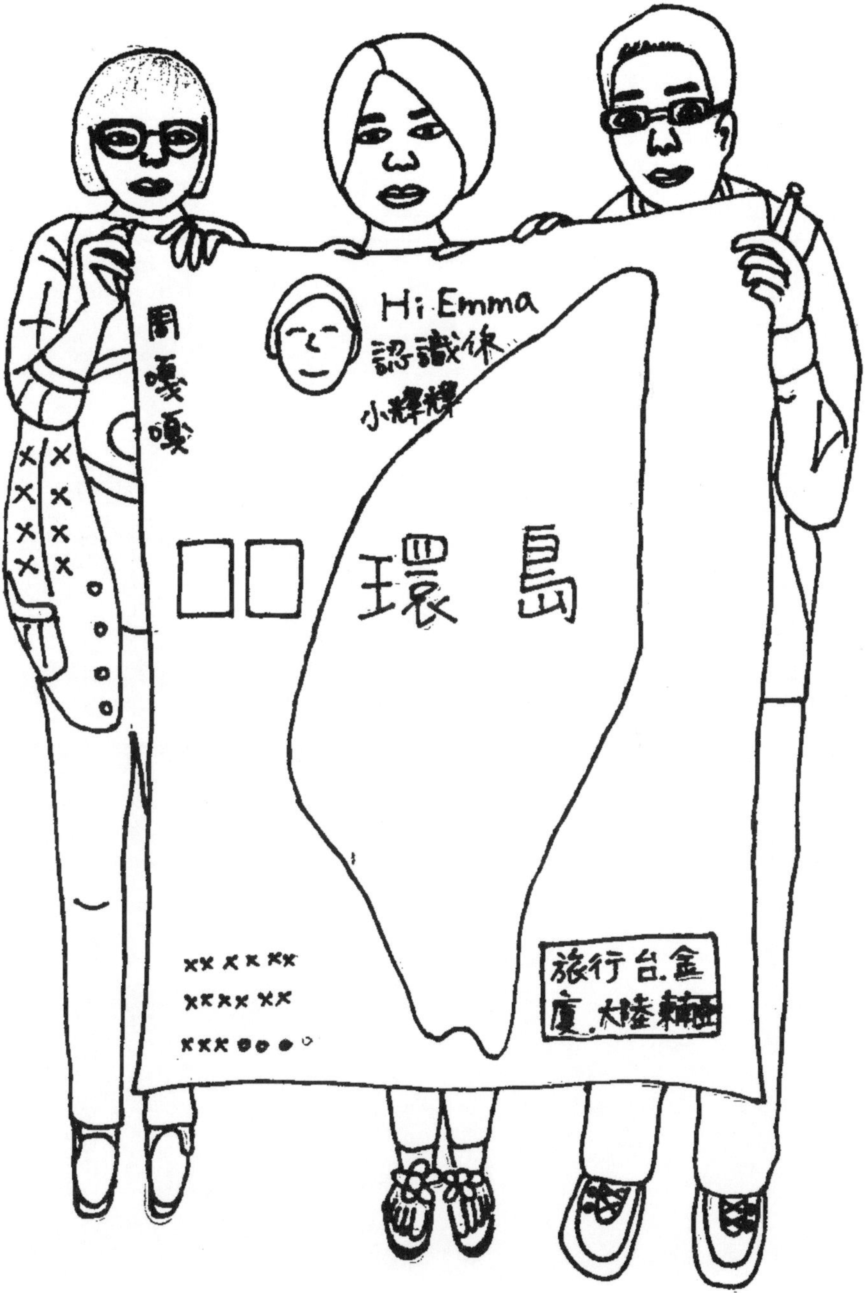

至四川分享埃及心得，結束後拿出台灣地圖請大家簽名留念。

之情。

金阿姨說得沒錯，身體一旦垮了，再多的夢想或是挑戰，都無法實現和學習。我可以從中記取教訓，練習平衡生活，也可以肆無忌憚地消耗體力，提早陣亡。身體會說話，這也是我為了追求「成長」所付出的代價。

Emma「埃」呀！

若在埃及掛病號可就沒那麼幸運了，病人只能抱著藥罐子自求多福。埃及國內醫療設施不健全，政府更沒有訂定政策嚴守把關。我所認識的幾位女性醫師朋友，寧可選擇經營私人診所、提供社區組織衛教服務或在大學任教，極少有人願意留在公家機構就職。醫療資源的缺乏也造就了埃及藥房遍地開花，甚至還提供藥品快遞的服務，到了藥局，只要跟藥劑師說明疼痛原因，馬上就能拿到藥品，而且有的藥品還出乎意料地便宜，令人不禁懷疑藥物的來源、控管和副作用對人體是否有害，面對如此無奈的醫療補救機制，人民極可能省了小錢但最終賠上了健康！

「變身」更大的意義，該是長成一個更完整的人，成為一個有夢想且能實踐公益的旅行者。

١٠ 變身

當年因為一起公益旅行而結識的朋友很快就發現，五年前與五年後的我，過馬路的樣子很不一樣。

二〇〇七年，我們在菲律賓過馬路的時候，曾被一群乞丐小孩包圍，我嚇得想找地洞躲起來，前方的大馬路，車子呼嘯而過，不把行人放在眼裡，菲律賓人也早已習慣穿梭在車陣中，我拉著友人的衣角，只想趕快逃離現場。

五年後，我和友人再度結伴到東南亞旅行，每當要過馬路時，我頭也不回的前進，還高舉手勢、配合口號說：**Follow me**，要友人跟緊我快速穿越車水馬龍的道路。朋友雖訝異我的轉變，但很快就猜到我「變身」的原因。

大學畢業展開第一次海外背包旅行時，是死皮賴臉巴著經驗豐富的友人走完了六十六天的旅程。第二次出遠門，則是與一群台灣志工出發到東帝汶服務，營隊結束後志工們回台灣，我則留了下來。第三次跑得更遠，獨自跨越整個亞洲到了埃及，遇上茉莉花革命，生命多了更不一樣的色彩。

友人認為我多了一份自信，我想那該叫做「適者生存，不適者淘汰」，沒有理由去為自己找藉口，或避而遠之。

在東帝汶我學習與自己對話，在埃及我握拳與社會抗爭，只是當我回到台灣時，舊有慣性又上身，只要別人一對我指指點點，人又會整個龜縮起來，彷彿像是完全不曾出國歷練過。

在台灣總是唯唯諾諾的施盈竹，和在東帝汶、在埃及不知什麼叫害怕的施盈竹，到底哪一個，才是真正的我？總是在發展「落後」的國家，我才繃緊全身神經，免得禍端上身；回到舒適安全的台灣，馬上失去警覺，少一根筋，丟三落四。

總不能像超人那樣，只有災難發生，才變身為英雄解救人群吧?!

我想，「變身」的更大意義，該是長成一個更完整的人，成為一個有夢想且能實踐公益的旅行者。

愛作夢的人

去到東帝汶後，與一群「愛作夢」的人生活久了，漸漸也覺得自己可以變得不一樣。

一號作夢人是在東帝汶生活八年的韓國大姐 Yune，她充滿著反骨精神。第一次到東帝汶幫當地人蓋房子，離開前從沒想過會再回去，當她聽到身旁的外國志願者輕易向當地人承諾「我們會再回來」等字眼，感到異常痛心，為什麼要說謊，害當地人癡癡地等。

回韓國以後她決定全心投入組織工作，當時需要一個東帝汶執行長，她義無反顧地接下重擔，投入東帝汶的懷抱。當地人見她真的回來了，非常高興。短短幾年她說起當地語言如同母語般熟練，到部落去晉見酋長時，也會受到熱烈歡迎。因為她真誠付出的態度和鍥而不捨的決心，贏得社區、服務對象和工作人員的敬佩。

二〇〇六年東帝汶反對派趁新國家領導人剛上任，局勢一片混亂之際，出兵攻擊首都帝利，她堅持留下來，與當地人共赴國難。事後想起，她說當時唯一擔心的是孩子們的教育因戰爭被迫中斷，看到教室被亂槍掃射損壞，沮喪地想著東帝汶孩子的明天在哪裡？

隨著國際軍隊和外國勢力的介入，東帝汶政局總算穩定下來，她再給自己四年的時間全心全意地投入。我有幸與韓國大姐共事一年，隔年她便離開了東帝汶，如今她在韓國濟州島參與反軍港建設運動，也與當地藝術家譜出戀曲，婚禮便是在軍港基地前舉行，真是不改革命熱血的精神。

二號作夢者是綽號 Uno 的印尼大哥，身分多元，骨子裡是一個情感豐沛的藝術家，他是吉他歌手、英文翻譯者、NGO 工作者、社會運動者、荒野求生者，還是擅長說故事的高手。

大部分朋友對他的印象是親切不失嚴謹，搞笑不失莊重，他總是奉勸我做人不要太

ㄍㄧㄥ，適時放開自己的情感勇敢去追求，不管是人、事或物；可能是被他發現我的戀愛指數負分吧。

這個說故事高手，每次一開口，大家總會安靜聽他說著「很久很久以前，印尼小島住著法力強大的巫師，他可以在高海拔的山上變出漁獲……」

某次一行人到海岸進行潛水課程，他溜到一旁溪水邊，挑揀奇形怪狀的石頭和貝殼，一個人在旁邊默默動工起來，我靠近一看，他把貝殼雕成燭台、石頭綁成項鍊，讓我見識到生活無處不是創意。

三號作夢人則是韓國大哥Charly，他辭去高科技工作，到了印尼亞齊海嘯災區當志工和農夫，長期以來熱愛大自然，甘願與土地為伍。我也把台灣種樹的男人盧銘世，以及穀東俱樂部的創辦人賴青松的故事與他分享。後來，他回到韓國與友人組了稻田社區，展開都市農夫的生活。

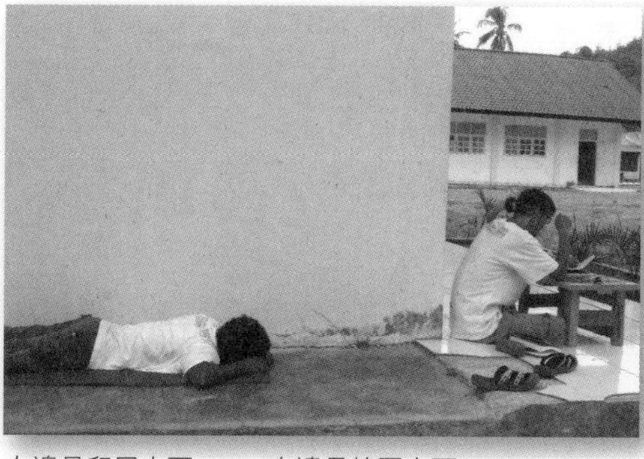
左邊是印尼大哥 Uno，右邊是韓國大哥 Charly。

我與韓國大姐 Yune。

我呢？

從東帝汶回到台灣後，選擇在校園與老師、同學提倡三五〇抗二氧化碳運動。到教室進行宣導時，看著台下迷茫的眼神，我曾懷疑自己到底在做什麼；直到最後一晚呼籲同學們一起排出三五〇數字目標達成，才知道在茫茫人海中，想號召支持者贊成「我認為重要」的事，竟是如此困難。太多批評、反對或「關我什麼事」的聲音，阻撓一個人去做大部分人選擇不在乎、不願意插手的事。

我還是要去當那少數人嗎？

還是成為那群少數人的生力軍呢？

正因為我遇到這群愛作夢的人，他們教會了我：讓「瘋子」的人數變多，那麼世界就會變得不一樣。

死黨好友們不死心地提醒我：「想想你的家人，不要再到處流浪，也該盡為人子女的責任。」家人選擇讓我放手去做，但仍不免牽腸掛肚。現在想起來，我只想到充實和培養自己的能力，真的很自私。

藝術家給的震撼彈

之後到了埃及，繼續開展我的志工人生。

在埃及的第二年，我因為負責籌辦貧民窟營隊的經驗，再度領受一顆新的震撼彈。

當時三位講師在開營前一天，還未能集合開會討論教學大綱，只因其中一位仍在歐洲自助旅行。「太扯了吧！」我抱怨道。但接下來像變魔術般的神奇，缺席講師一回到團隊，馬上與孩子構思了成果展的劇中劇。

雖然三位講師的專業領域不同（分別是歌唱、舞蹈和打鼓），但基本上每個人都是通才，都會打鼓、唱歌。他們笑稱：「埃及人天生就是一群愛音樂的民族。」

每天三位講師或輪番上陣或協力擔綱，在看似誇張、逗趣的遊戲中，講師們已經默默觀察出孩子們的特性，再慢慢固定三個類別（音樂、舞蹈和戲劇）的訓練

前方的光頭男是舞蹈老師 Fouad。

中間低頭者為音樂老師 Ismail。

時間，讓孩子們專注學習有興趣，且能展現自我的項目上。

其中，戲劇是講師詢問孩子們的求學狀況，勾勒出一幕諷刺埃及教育體制殘缺腐敗的戲碼——由孩子們飾演一位講話口齒不清的老師，平常上課看學生不順眼，便用書本敲男孩的後腦勺或拉扯女孩的頭髮，甚至明目張膽告知學生，繳完高額補習費後，本學期成績便能拿高分。

舞蹈老師則將戲劇結合了舞蹈，讓學生呈現他們求知的渴望。一開演，學生們的雙眼被蒙上一層白布條，扯下布條時，只見老師用不屑的表情盯著他們。戲劇進行到中段，學生們躁動的靈魂蠢蠢欲動，趁著老師一不注意，拿起書本揮灑青春的熱血。戲劇尾端，三位大人站在舞台中央，用布條遮掩孩子們的眼睛，這回他們奮力掙脫綑綁的枷鎖，並自信滿滿的告訴自己：「我的未來不是夢。」全場用鼓聲串聯，呈現戲劇和舞蹈的張力，也為孩子們的眼神和微笑做了最好的詮釋。

最後大家聚在一塊大合唱，場景又回到孩子們的世界，歌聲童稚響亮，我望向台下的父母，每個人都睜大眼睛、笑容滿面地看著自己的孩子。對於生活在貧民窟的他們而言，與外界聯繫唯一的管道就是電視，許多肥皂劇都能倒背如流。看著孩子在臨時搭設的舞台上，呈現戲劇張力十足、兼具藝術和人文之美的劇中劇，他們比誰都還要驕傲與光榮吧！

音樂老師 Bassem（右）專注地教導貧民窟的學生打鼓。

半夜十二點我們一群人買了餅乾、起司和啤酒，在志工家辦起慶功宴，大家不免懷念起每個孩子的特性，還當場模仿起他或她的模樣，大夥繼續唱著埃及歌謠與民俗歌曲，為貧民窟營隊暫時畫下句點。

回顧暑假營隊的行前籌劃、計畫執行到志工檢討，有別我過往在台灣和東帝汶的經驗，其中人與環境塑造出截然不同的樣貌。在貧民窟辦公室，雖受限於空間、團隊規模小，但我們彼此相互配合，在關鍵時刻給予夥伴們協助。

無論在台灣或東帝汶，我總依附在團隊之下，只要擬好計畫，與團隊開完大、小會，凡事按部就班就沒問題了。只是台灣有豐富的人力資源和後援，我反倒會給自己莫名的壓力、在意他人的眼光。在東帝汶，身處艱苦的環境下，我總算給自己多一點空間，學習臨場應變的能力。

到了埃及，我才真正見識到，台上十分鐘，台下十年功。這些講師多半將生命奉獻給藝術，從小對藝術的興趣獲得充分發展，長大後自力更生時便在街頭表演、到處賣藝，一步步累積實務經驗，珍惜獲邀到國外演出的機會，而他們只比我大兩三歲。

挖掘自己的長處，不隨波逐流，還能無怨無悔堅持下去，我打從心底給他們一個讚，他們不是一群高不可攀的藝術家。

旅行也可以不一樣

回到台灣的我，在接續下一份工作前，決定來趟環台分享，沿途接受了老朋友、新朋友的接待。

第一站從我的家鄉彰化出發，與國小、國中、高中同學重聚，大家好奇地問我：這些年到底在做什麼？同學們當中有人已為人母、為人師，或在各行各業工作，他們羨慕也佩服我的勇氣。

而在北一女高一地理課堂上，我為學生們講述埃及茉莉花革命的過程，休息時間，一位外交官的女兒走過來，問我：可以用英文跟我交談嗎？她從小跟著父母搬遷到不同的國家，聽說了我的故事，她很驚訝也不免好奇，這些戰亂地方的狀況很危險，我是怎麼有勇氣繼續前進的？我當時的回答是：保持一顆對世界的好奇心，是促使我不斷挑戰困境的動力！

與瓊齡（左）至台東台坂部落方舟教室與小孩子分享。

在花蓮的玉東國中，我的講題改為「東帝汶的山豬肉 vs. 埃及的貧民窟」，許多原住民孩子的父母外出打工，由祖父母一手帶大，希冀能藉此引發這些孩子的共鳴，讓他們對不一樣的世界心生嚮往。

到了都蘭圖書館，都蘭小學一到四年級的學生也是我的聽眾，我用遊戲拉近彼此年齡的距離，一起放鬆。

到了台東達仁鄉台坂部落方舟教室，再度與一群國小學生分享埃及的故事，這群從小三到小六的原住民孩子一開始乖乖坐在地板上，後來乾脆用躺的，過程中仍然踴躍舉手搶答，甚至每個人都搶著發言。離開教室準備回家前，有位小男孩捨不得放開我的手，對著我說：「Emma姐姐，我以後也要像你一樣，一邊旅遊一邊幫助別人。」小男孩的話也鼓舞了我，想起過去在陪伴孩子的過程，曾經沮喪、生氣甚至放棄，透過認清孩子和自身的問題，調整教學方式和步伐，雙方才能彼此獲得成長。

結束了環台旅程，繼續為時兩個月的中國和東南亞旅行，在四川的大專院校與師生分享志工經驗，曾有學生提出質疑：分享的目的為何？如果一窩蜂去做志工，那麼家庭、學業、事業怎麼辦呢？

我想每個人都可以透過不同的方式，去實踐想做的事情，只怕人生目標僅剩賺錢，或不知道要做什麼；趁著能力、時間可自己支配下，給自己一個機會做點不一樣的事。

在合肥的小團山上，遇到來自台灣的郭中一教授，他和師母將原本光禿禿的礦山打造成一座香草有機園區，我每天在園區散步，可以一飽眼、耳、口福。

園區住著一位原本在廣東念書的女學生歐陽洋，暑假期間來做志工，回家以後向父母表示，將休學到合肥拜郭教授為師，我見到女學生時，她已經在小團山待了近一年，平常跟著郭教授在園區做事，讀郭教授指定的課外書籍，也擔任志工教授鄉村小孩電腦課程——郭教授認為教學相長，這是他給女學生的功課。

她遇到我總是有問不完的問題，從埃及人長什麼樣？埃及食物？尼羅河、金字塔到埃及革命？一路上，她是少數對於埃及這麼好奇的朋友，她願意拋開小說和電影的想像，傾聽旅者的分享。

廣東女生歐陽洋（左）在小團山教導學生電腦。

二〇一二年十二月中國舉辦第十八屆全國人民代表大會，我正在中國幾個城市旅行，便伺機跟中國友人分享茉莉花革命，每次切入正題前，朋友總會互相耳提面命：「為了大家的人身安全著想，千萬不要發微博、寫博客，提到茉莉花、革命等字眼。」大家果然都很配合！

中國友人們聽完茉莉花革命的始末，主要分成兩派意見，一派支持中國官方的控管，免得國家落入埃及動盪不安的慘狀；另一派則思考中國要如何走向民主改革的道路。

我倒是挺樂觀，儘管中國政府封了臉書，但民眾改用微博——一種更加強大的社交網路，光中國註冊使用者就達五億人次，透過微博揭發官員貪汙、讓人們正視弱勢團體問題，可見微博影響力無遠弗屆。

但有人質疑官方無所不在的網路警察，隨時舉發民眾「偏頗」的政治意識形態，也有人認為，隨著時間的推移、新事件的發生，人們早就忘了之前的事。更多人選擇自掃門前雪的態度，談什麼改革？有用嗎？

朋友開玩笑說：「因為在大陸談政治實在是太敏感了，所以談風花雪月的書特別多——不外乎是人生、食物和旅遊。」

根據我參加傑出青年高校參訪團、台灣與中國合辦的兩岸交流文化團，再到這一回為時五星期自由行的經驗，不同階段的交流方式，讓我看見不一樣的中國。

不少中國友人對台灣人熱情、寬厚的態度心心念念，台灣人民是最佳的「民間外交官」；有些年長一輩心心念念的兩岸統一，對同樣出生於八〇年代的朋友來說，政治冷感則是我們共通的毛病。

期許運用志工經驗

《戀戀漂流》一書作者，馬來西亞籍的葉心慧曾說：「離開太久，決定回來定居的心情有點忐忑，又有點期待；流浪太久，越來越明白，留下安住，比繼續流浪需要更多的勇氣。」

當旅程結束時，我反覆思考著這段話，想著自己是否應該好好地「安住」了。

離開埃及、跟瓊齡完成三個多月的國內外分享之旅回家不久，某天，媽媽突然暈倒送急診。我陪她在急診留觀室過了一晚，當

我終於心甘情願地回家了。

時虛弱的媽媽還不忘對我說：抱歉，她讓我擔心了。

我這才意識到媽媽的身體也不是鐵打的，對子女的牽掛和擔憂，在她心底仍有莫名的重擔；醫生也勸她「要放下」。我依稀記起，在東帝汶那一年，媽媽也曾開刀住院，她要求哥哥、妹妹不要告知我，免得我擔心。幸好那次手術成功，一切看似無礙，媽媽則猜想自從那次手術過後，元氣大傷，體力不如從前。

直到這次媽媽真的在我面前倒下，我明白，是真的該「回家」了，該好好陪伴家人。在媽媽病倒之前，我也曾經想要繼續爭取在海外工作的各種機會，但似乎上天另有安排，一切的機緣都指向讓我留在台灣。

對於未來，我不多做設限，只希望延續長久以來，對於弱勢議題、對於環境變遷、對於農業經濟、對於非營利組織的關注和社會企業發展，能夠有所參與。

二〇一三年我加入原住民族促進會至部落推動農村再生計畫，我也受邀至大專院校演講埃及故事，上《新聞哇哇哇》節目講述國際志工經驗，被友人笑稱整個人大爆走，講起東帝汶、埃及的故事欲罷不能，同台的幾位來賓也聽得目瞪口呆。

同年底曾到埃及探望我的成都好友小V，邀請我到中國工作，電話中她語帶哽咽覺得我離開台灣到中國工作，肯定是更加辛苦，但創業初期她需要我的幫助。我們一起策劃了丈量成都的城市微旅行、美國生態村旅行、台灣親子旅行，以及帶領成都國際高校的學生至泰國做志工服務等，還發起了不呱族的志工團隊，為提升城市人的交通素養而努力。

二〇一六年春節我們帶完親子團回到成都的一個晚上，她問我：「我的夢想是什麼？」我納悶的反問她怎麼了？原來她準備離開成都到雲南大理過半農半X的生活，相對於工作的成就感，她更享受無拘無束過自己的生活。我尊重她的決定，也相信她的選擇是對的。交接完手頭的工作我則跑到江蘇的原宿農場，學習樸門農法和自然建築，也在那裡認識了男友，他的夢想是做一個匠人。

本來要回台灣的我就這樣繼續留在了中國，透過男友的引薦加入中國鄉建院至今，一起在大陸農村推動

成都不呱族夥伴來到的貴州山村當志工，為留守兒童上課。

社區營造，我也結合過去的志工經驗，為村莊的留守兒童上課，舉辦親子營隊、推動垃圾分類，為社區的發展注入一份心力。每年暑假媽媽也會從台灣來到我服務的村莊探班，跟我一起爬山運動，過上隱居山林的生活。

現在我身負帶領社區營造團隊的重任，同事們有來自北京大學的高材生、四川大學的生物碩士、重慶大學的園藝設計學士等，對於如何讓大家更加團結，並更有智慧地應對村莊繁雜瑣碎的事務，過往在國外和當地人以同等水平過生活的鍛練，以及國際志工經驗帶給我很大的幫助，用包容、探索和柔軟的心和同事們一起相互支持，並肩作戰。

而離開成都的小V後來遠嫁挪威，雖然我們見面的機會更少了，我期許自己要更勇敢，即使面臨變身、蛻變，挑戰過往所不熟悉的一切，我也有勇氣迎戰，通通都放馬過來吧！

小V偕老公奧斯卡回訪中國。

尾聲

二〇一一年，埃及革命過後的解放廣場上。

一位年輕女孩撞見手持相機的我，立即用海報遮住臉，直到我表明不是記者，她才鬆了口氣說，這回是瞞著家人來廣場參加示威遊行，萬一上報或上了媒體，她將永遠也不能獨自出門。

此時此刻的她，「不去會死」。

先前，女孩已經錯過穆巴拉克宣布下台的第一時間，和眾人在解放廣場期許建立新埃及的願望；儘管未來發展遙不可測，如今她要身體力行，為心中的那份信念勇敢站出來：期許埃及明天會更好！

切．格瓦拉說：「如果說我們是浪漫主義者，是無可救藥的理想主義分子，我們想的都是不可能的事情；那麼我們將

最左邊拿著海報的女孩，一看到我舉起相機，就拿海報遮住臉。

一千零一次地回答說：是的，我們就是這樣的人！」

二〇一一年的開羅。

人們懷著滿腔的革命激情，不斷湧入解放廣場，向世界、社會和人們發聲。

我曾在廣場上遇到一群冀望教育改革的大學教授，他們抗議學院領袖壟斷管理權，學術風範淪喪；還遇見最年輕的網路社運青年，夢想透過社群網路號召同伴一起關注公共議題，拒絕被西方意識形態左右。雖然埃及革命神話般地「成功」了，但可預想未來幾年內政局仍會動盪不安，革命後面臨的是更嚴峻的挑戰。

憶起革命首日，不知有多少老人及年輕人曾立下誓言：今天出門後，就沒打算活著回家。當廣場上軍隊、警察拿著瓦斯槍、駕駛水車，攻擊示威民眾，我也在現場躲避著攻擊、感受著人們迫切想改革的決心。

埃及發生暴動後，遠在台灣的家人急得像熱鍋上的螞蟻。穆巴拉克政府為斷阻示威者的社運網路，全面切斷埃及國、內外通訊系統，使得親朋好友擔心我的安危。母親致電外交部關切卻毫無下文，當下深刻感到台灣與埃及無邦交之苦。

然而當時的我若不親臨革命現場，就錯失了這歷史性的一刻，無從傾聽真實的人民之聲。

二〇一三年二月十一日，穆巴拉克下台兩周年，以穆斯林兄弟會為首的政府執政八個月，政績跌至冰點。自埃及革命屆滿兩周年起，埃及各地大、小暴動不斷，抗議新政府罔顧革命宗旨，藐視人民權益。

這把從突尼西亞小攤販自焚燃起的革命野火，雖然一夕間扭轉了中東國家的局勢，但也考驗新執政者的能力。二〇一三年一月，帶領突尼西亞人民反抗舊政府的領袖遭到暗殺，突尼西亞百萬人再度揭竿起義，要求新政權找出凶手。

已不在解放廣場的我，看著電視新聞上埃及、突尼西亞和中東國家國情浮浮沉沉，每每為人民困苦的處境感到痛心。

一位資深記者朋友說：「法國大革命後，歷經兩百年逐漸發展出健全的共和體制；而中東國家遭逢巨變，面對不公義的法治，至少人民還保有熱情澎湃的心，敢於出聲。若他們安靜得像一灘死水，才更令人擔憂。」

茉莉花革命時，手持 I Want to Live 標語的民眾。

不，去會死

「當你一上了路，就踏上了另一種人生。」──《不去會死》一書作者石田裕輔說。辭去食品製造業工作的他，展開七年半環遊世界的旅程，只花了十七萬台幣（包括被洗劫的九萬塊），還差點被搶匪強暴。

依我看來，他的書名應該改成「不，去會死」；只是作者選擇感受旅程中美好的事物，刻印在他記憶中的不是風景名勝，而是眼前所看到的人、事、物，而這些遭遇都激勵著他不斷上路。

我也是如此吧！

做志工也要天時、地利、人和。

離開了舒適圈的範圍，生活也就有了新的開始。

寄出那封應徵東帝汶海外志工的郵件，在等待組織回覆的同時，我從指導教授口中得知，有位曾長期參與海外服務的學姐正在花蓮進修。跟學姐敲定好會談時間，旋即買了車票直奔花蓮向她請益。

返回學校的路上，心情仍激動不已，覺得自己朝著那未知的世界又悄悄靠近一步。

緊接著上網搜尋相關的海外志工資訊和團體，報名參與各式海外志工心得分享會，到現場聆聽前人的經驗談。

一位資深的拓展志工服務的專家，開放在場民眾提問，我舉手發問：「過去在台灣已有志願服務的經驗，若要參與國外團體一年的海外志願服務，如何徵得父母的同意？」

專家笑笑說：「身為志工若平常在家總是茶來伸手、飯來張口，生活完全仰賴家人，無法獨立自主，父母怎可能相信你有能力在陌生國度生活呢？從改變自己開始，才能贏得雙親的信任。」

這才恍然大悟，不管做任何事，要從自己先開始做起，為的不是向外界證明自己的能力，而是確認自己到底會做些什麼，或能夠做些什麼。差不多也是在那段時間，接到組織的回覆，表示歡迎我的加入。

感覺像是作夢般，我將為自己出征。

夜宿機場等待轉機到下一站。

在逐漸取得母親認同的過程，只有父親對於我要「出走」的事情，仍是一知半解，但在其他家人的相挺下，我跨出了第二步。

透過郵件往返，組織工作人員耐心的解釋行政事宜，包含機票、簽證、當地狀況還有組織的宗旨等細節，加上師長、同學和志工友人的鼓勵，讓我在腦筋一片空白的狀況下，慢慢進入狀況。

接著來到了最後一哩路──吃緊的財務。社團學姐──乖姐在我離開台灣前夕，直接塞了大紅包給我，補足了我不足的旅費，並祝我一路順風。

我順利地辦妥休學，在友人、家人的祝福下上路。飛機衝上雲霄的瞬間，我對自己說：「我想要飛上天，向世界證明我會存活下來！」

不去，會死

經過一年的志工生活返回台灣，友人看到我時，直說沒有他們想像中的黑，倒是身體相當健壯，氣色相當好。在新、舊朋友的邀約下，我一邊重返校園生活，一邊整理東帝汶一年的志工經驗，到各個學校與師生們分享。

適逢過去服務的組織連同其他機構在韓國辦理東北亞國際和平教育論壇，邀請我前去分享經驗。當時與會的來賓來自世界各地，積極提倡和平教育。

我想不起自己當時有多緊張，或擔心一口濃濃台灣腔的英語，只記得前輩們的一席話感染了我：每個人都可以為世界做一點事，聚集起來的力量，將使世界發光發熱。

會後一位在和平教育論壇擔任攝影的志願老師，邀請我到她家住宿。她是世界展望會的長期捐助者，也曾到過非洲探望苦難兒童，她覺得現在韓國的孩子太幸福，因為不曾體驗過窮困。她在自家辦了一個作文班，希望我能與小學生分享東帝汶孩子的故事。

一到她家門口，就聽見小學生唱起歡迎歌，我也順勢透過一些團康兒歌，帶領他們進入東帝汶小朋友的世界——雖然生活條件惡劣，但是當地的孩子沒有放棄自己，在適當的資源挹注和人員陪伴下，他們其實也在力爭上游。

從韓國小朋友手中接過撲滿。

分享結束，小學生們合力完成了一張戰爭與和平的意象圖，我也教他們廢物利用製作風車，體驗東帝汶小朋友的生活，把廢棄物變玩具。這時兩位小女孩突然走到我的面前，捐出小豬撲滿，認真地說：要幫助那些東帝汶的「朋友」，願他們能夠脫離貧困，圓自己的夢。

從她們的手中接過撲滿，我不自主地流下淚。錢雖然不多，也不能具體改善當地匱乏的教育資源，但是孩子們純真想助人的心，也激勵了我不要因為時空的阻隔，就放棄持續關懷東帝汶孩子的心。

從韓國返台後，我也回歸本分，重拾中斷的研究所課業、利用課餘時間到台大旁聽「非洲：人、環境與知識志工」的課程，且在因緣際會下與一位蒙古國的留學生成為室友，晚上睡前總會聊起在東帝汶的日子，她很訝異為什麼我一個女生要去到既陌生又落後的國度，還待上這麼長的一段時間？

室友還說：「在蒙古也有一位傳奇人物，他已經環遊世界數年了。」我聽了之後，「定調」這個人為蒙古版的「不去會死」，笑著說：「趁年輕還有體力到處走走看看，應當要把握，如果年紀大了還能繼續走，那就真的賺到啦！」

「台灣學生的確是需要增廣國際視野，我總被校內學生問：『你還住在蒙古包嗎？』」室友無奈的表示。

碩士班畢業，通過浩然基金會「另立全球化國際志願者計畫」的甄選，我到了埃及，碰上了茉莉花革命。當大批外國人急著撤離埃及的時候，我選擇留下來，跟著友人跑到記者大樓。從露天高台上俯瞰開羅市中心，汽油彈、瓦斯槍硝煙四起，加上軍警揮舞棍棒追逐民眾的畫面，令人怵目驚心。

當我們準備離開記者大樓時，出入口已經被警方層層包圍，政府已下令封鎖媒體，所有在記者大樓的人都被軟禁，友人大膽地央求警方，指著我說：「這個女孩是無辜的，放她走吧！」

禁不住友人一再地請求，小兵跟指揮官報告：這裡有個麻煩。但上級仍不為所動，我們僵持在盾牌與冰冷的臉孔前，最後一位小兵偷偷讓出了空隙，我們趕緊鑽出來。

背上背包，踏上志工旅途。

我有死裡逃生之感，對於戰地記者工作之超然使命，更是無限敬佩。

二〇一一年一月二十五日起接連十八天，埃及響起革命的號角，鄰近的國家利比亞亦展開鬥爭，人民與政府激烈交鋒，還射殺了在當地採訪的阿拉伯半島電台記者，這件事立即引來國際特赦組織嚴正批判，但發揮不了任何作用。

二〇一二年三月，一位國際知名的戰地女記者瑪麗亞·科文在敘利亞政府刻意攻擊下喪生。之前她獲頒國際婦女傳媒基金會「勇氣獎」時曾說過一段話：「我只是一名偽君子，得獎讓我焦躁不安。我始終有種負罪感，感覺自己是戰爭中受益的人；我們身為戰地記者，把那些人發生的可怕故事榨取出來，然後再從他們的生活中消失。」

每每戰爭現場「不去，會死」的她，終究葬身在戰場。敘利亞政府繼續攻擊反對黨人士，不擇手段只為了讓人民噤聲。二十一世紀的茉莉花革命，一股腦兒地席捲整個中東國家，人民生活在悲慘世界裡，無法自拔。一群革命烈士抱著「不去會死」的決心，勇敢衝鋒陷陣，壯烈犧牲。

「你，不去……會死嗎？」南西總是激動地問我。

儘管埃及人民只花了十八天便成功使穆巴拉克下台，但解放廣場一刻都不得閒，成為人民集會遊行的大本營。每當一有新狀況，我顧不了南西的攔阻，總是迅速整裝來到解放廣場，我老覺得只要有一次沒去，就會錯失了和埃及人民共同見證歷史的機會。

猶記茉莉花革命首日，我跟著遊行隊伍進入解放廣場，也一路攝影記錄現況，冷不防一位年輕男士衝到我的相機鏡頭前說：「今天上街頭革命，就沒打算活著回去！」

就在那個瞬間，我也明瞭，每一次不得不出走的自己，在每個出走前的當下，的確都進入一種「不去會死」的決絕情境。

這種決絕，當我還是那個走起路來彎腰駝背、講起台式英語怯生生地、明明已大學畢業卻總是被外國人誤以為是青少年的二〇〇七年夏天，就已經注定了——縱然我並不自知。

人，一旦不走尋常路，就踏上了不一樣的人生。

【後記】

承諾

二〇一九年三月十三日

今年過完年準備返回中國工作之際，瓊齡特地趕來機場讓我抽天使卡，也為我七年之後重返埃及埋下了伏筆。

在長榮航空 Hello Kitty 專櫃，我們順利找到一張桌子，瓊齡把天使卡鋪開讓我自由洗牌和選取，同時我也把心中的困惑說了出來：「一月份接到出版社通知《勇闖埃及》將再版，我是否該『回家』更新一下近況？」隨之我抽出的三張天使卡分別是「承諾」、「真相」和「冒險」，雖然每一張天使卡都有其定義，但當我看到第一張天使卡出現「承諾」時，回想起至二〇一二年離開埃及後，每一年埃及室友南西總是在我的臉書留言：「Emma什麼時候回來埃及？」

第二張天使卡「真相」讓我倒抽了一口氣，二〇一二年埃及革命民選出來的新總統穆爾西上台後，不久，二〇一四年就被指控煽動國家叛亂罪被軍方罷黜下台，新一輪的選舉重新由軍政府掌權，革命後局勢似乎更加動盪，埃及真的變得更好了嗎？我迫切的想知道。

最後的第三張天使卡「冒險」，似乎在告訴我準備好再次出發吧！

帶著這一份念頭回到中國，忙於工作，短短一個月跑了北京、山西、四川出差。終於手頭的工作告一段落，老闆得知我想回埃及一趟，主動說讓我休長假。而我試探性的問了南西是否在埃及，她說：「小丸子妳真的要回來了嗎？這輩子聽過最振奮人心的消息！」

二話不說我立刻訂了機票。

埃及，我回來了。

前往亞歷山大的火車誤點了近兩個小時，寒風中南西的父母早已在車站等候許久，見到我時直呼上帝的恩典，我心中也充滿著感動與不捨，看到南西父母老了許多，爸爸心臟裝了支架，每天需要打針和吃藥；媽媽還是像以前一樣充滿慈母的光輝。這天，他們本在亞歷山大外圍的鄉鎮工作，代步的車子剛好壞掉，不知道他們是如何克服萬難趕回亞歷山大見我。本來以為我來不了亞歷山大，他們也會搭火車去開羅見我。

回到家品嚐了懷念的媽媽料理，媽媽問我：「妳有關注埃及革命後的狀況嗎？」我點頭回答：「關注了，但不知道真實的情況。」媽媽語帶感慨：「新的西西軍政府解釋重建埃及需要一點時間，一切都會好轉。茉莉花革命後的通貨膨脹物價飛漲，人民已經等了五年。」又堅定的說：「上帝會許給人民一個更好的埃及。」我默默低下頭為埃及祈禱。

在亞歷山大待不到十個鐘頭，我準備返回開羅搭機回中國工作。埃及爸媽塞了一堆水果、飲料、餅乾讓我路上充飢。聽到我在莫斯科轉機，堅持送我一件羽絨外

我與埃及爸媽合影，埃及爸爸自豪地說：「亞歷山大有美麗的海岸線就是跟開羅不一樣！」

套，還要我立刻穿上。隔著車窗，埃及爸媽面帶笑容道再見，我心中一陣心酸，想向他們表示一點心意，埃及爸媽馬上說：「錢存著，以後再回來看我們。」其實爸爸退休後薪水減半，為了補貼家用接了一些零工，家裡角落布滿了維修電器的工具，媽媽也在做一些烹飪和會場佈置的工作。他們說：「一輩子不為錢煩惱，相信一切都是最好的安排。」

埃及媽媽說，七年之後能再見到我，真的是一個奇蹟。他們和南西一年也就見一兩次，我是他們第二個女兒，希望我有機會就常「回家」看看。

上車前，月台的乘客驚訝的看著我和埃及爸媽擁抱，彼此依依不捨。火車駛離月台一陣子後，埃及媽媽傳來一張埃及爸爸抱著我送的熊貓玩偶入睡的照片，原以為這趟重返埃及，了結自己多年來的心願，孰知又延續了更深的情份和牽掛。

我與情如姊弟的南西、Mounir 合影，他們與埃及爸媽也多年未一起合照了。

埃及爸爸抱著我送的玩偶入睡。

勇闖埃及

作　　者　施盈竹（Emma）
社　　長　陳蕙慧
副總編輯　簡伊玲
責任編輯　王凱林
行銷企劃　李逸文・張元慧・廖祿存
封面設計　謝捲子
電腦排版　簡單瑛設
校　　對　陳佩伶

社　　長　郭重興
發行人兼出版總監　曾大福
出　　版　木馬文化事業股份有限公司
發　　行　遠足文化事業股份有限公司
地　　址　231新北市新店區民權路108之4號8樓
電　　話　02-2218-1417
傳　　真　02-2218-0727
Email　service@bookrep.com.tw
郵撥帳號　19588272 木馬文化事業股份有限公司
客服專線　0800221029
法律顧問　華洋國際專利商標事務所 蘇文生 律師
印　　刷　呈靖彩藝有限公司
初版一刷　2013年7月
二版一刷　2019年4月
定　　價　新台幣320元
ISBN　978-986-359-645-5

國家圖書館出版品預行編目(CIP)資料

勇闖埃及 / 施盈竹著.
--二版.--新北市:木馬文化出版:遠足文化發行, 2019.04
ISBN 978-986-359-645-5(平裝)

1.遊記 2.埃及
761.09　108002309